U0530867

艺术作品的本源

〔德〕海德格尔 著
〔德〕伽达默尔 导论
〔德〕弗里德里希-威廉姆·冯·海尔曼 编
孙周兴 译

商务印书馆
The Commercial Press

Martin Heidegger
DER URSPRUNG DES KUNSTWERKES

Mit der „Einführung" von Hans-Gerog Gadamer
und ersten Fassung des Textes (1935)
Herausgegeben von Friedrich-Wilhelm v. Herrmann

1. Auflage 2012
©Vittorio Klostermann GmbH · Frankfurt am Main 1950

本书根据德国维多里奥·克劳斯特曼出版社 2012 年版
（"克劳斯特曼红色书系"）译出

目 录

编者前言 ································ i

艺术作品的本源（1935/1936年）··············· 1
    物与作品 ······························ 6
    作品与真理 ··························· 32
    真理与艺术 ··························· 57
    后记 ································· 86
    附录 ································· 91

论艺术作品的本源（第一稿，1935年）·········· 99
    一　艺术作品作为作品 ················ 105
    二　艺术作为作品之本源 ·············· 123

雷克拉姆版导论（1960年）········· 伽达默尔 139

译后记 ································ 162

编者前言

马丁·海德格尔的论著《艺术作品的本源》（*Der Ursprung des Kunstwerkes*）于1950年被收入《林中路》（*Holzwege*）一书中，由维多里奥·克劳斯特曼出版社公之于世，在此则作为单行本出版。在有关收在《林中路》中的几篇论文的"说明"中，海德格尔就《艺术作品的本源》一文作了如下描述："最初的文本系一个演讲稿，该演讲是1935年11月13日在弗莱堡艺术科学协会上做的；应大学学生会之邀，1936年1月在苏黎世重做。眼下这个文本包括三个分别于1936年11月17日、11月24日和12月4日在美因法兰克福自由德国主教教堂议事会上做的演讲。后记的一部分是后来写的。"[①]

1960年在"雷克拉姆万有丛书"中出了一个《艺术作品的本源》的特别版本（特许出版），在这个版本的

[①] 参看海德格尔：《林中路》，中译本，孙周兴译，商务印书馆，2015年，第427页。——译注

"前言"中，海德格尔写道："收入这个特别版本中的《林中路》文本，已做重新审订。1956年写的'附录'解释了若干主导词语。"这个特别版本在不同处经作者稍事加工，章节安排更丰富些了，成为1977年作为《海德格尔全集》第五卷出版的《林中路》新版的基础。包括《艺术作品的本源》一文作者样书中的"作者边注"也首次被纳入，被印成以小写字母标识的脚注。现在在单行本中端出的《艺术作品的本源》文本，与《海德格尔全集》第五卷在文字和页码上均保持一致。"作者边注"来自1950年《林中路》第一版的样书，1957年《林中路》第三版的《艺术作品的本源》一文的抽印本，但主要来自1960年雷克拉姆特别版本的两本样书，其中有一个夹订有空白页的样书包含了绝大多数的作者边注。作者边注的具体出处，我们在小写字母后面加以标识。①

眼下这个单行本在《艺术作品的本源》一文之后，也把海德格尔1935年的《论艺术作品的本源》(*Vom Ursprung des Kunstwerkes*)第一稿一并付印，后者于1989年首次发表于《海德格尔研究》(*Heidegger Studies*)（第五卷，东克尔与洪勃罗特出版社，柏林）。编者根据作者手稿对这个第一稿文本做了再次审查，在少数几处做了

---

① 中译本采取阿拉伯数字连续标识的当页注释，并标明"作者边注"。——译注

修正。再有，眼下这个单行本的最后一篇文章，是汉斯-格奥尔格·伽达默尔（Hans-Georg Gadamer）于1960年为雷克拉姆出版社的特别版本所撰写的"导论"[①]；有关这个"导论"，海德格尔在前言中写道："伽达默尔撰写的导论包含着一个对我的后期著作的读者来说相当关键的暗示。"

*

在《艺术作品的本源》一文的"附录"（1956年）中，海德格尔用下面这句话来结束："一个从外部很自然地与本文不期而遇的读者，首先并且一味地，势必不是从有待思想的东西的缄默无声的源泉领域出发来设想和解说事情真相的，这乃是一个不可避免的困境。"（本书边码第74页）[②] 但这个包含在作于1930年代中期的演讲《艺术作品的本源》中的"缄默无声的源泉领域"，就是海德格尔的存在历史性的或者本有历史性的[③]思想，这种思想

[①] 在中译本中标为"雷克拉姆版导论"。——译注
[②] 参看海德格尔：《林中路》，中译本，孙周兴译，商务印书馆，2015年，第82页。——译注
[③] 此处"本有历史性的"原文为ereignisgeschichtlich。海德格尔在后期思想中经常讨论的是"存在历史"（Seinsgeschichte）或"存有历史"（Seynsgeschichte）。——译注

在海德格尔于1936/1937年至1938年间完成的手稿《哲学论稿（从本有而来）》的六个关节的结构中得到了贯彻。[①]这个手稿是海德格尔七本宏大的存在历史论著的第一本，是作者身后发表的遗著的第一种，于1989年出版，时值马丁·海德格尔100周年诞辰。在第247节"此-在的建基与真理之庇护的轨道"中，海德格尔写道："取自这一领域并且因此归属于这里的，〈乃是〉关于'艺术作品的本源'的特殊问题（参看弗莱堡和法兰克福演讲）。"（《全集》第65卷，第392页）[②]因此，自从《哲学论稿（从本有而来）》出版以后，在《艺术作品的本源》一文中依然"缄默无声的源泉领域"就变得可以理解了，使得我们现在可以根据这一源泉领域来领会和解释《艺术作品的本源》一文所思考的事态。在"附录"首次发表（1960年）与遗稿《哲学论稿（从本有而来）》出版（1989年）之间，对于读者来说依然幽暗不明的是，海德格尔在"附录"中所谓《艺术作品的本源》一文的"缄默无声的源泉

[①] 参看海德格尔:《哲学论稿（从本有而来）》[*Beiträge zur Philosophie*（*Vom Ereignis*）]，美因法兰克福，1989年；中译本，孙周兴译，商务印书馆，2014年。所谓六个"关节"（Fuge）是："回响"（Anklang）"传送"（Zuspiel）"跳跃"（Sprung）"建基"（Gründung）"将来者"（Die Zukünftigen）"最后之神"（Der letzte Gott），依次为该书的第二至第七部分。——译注

[②] 参看海德格尔:《哲学论稿（从本有而来）》，中译本，孙周兴译，商务印书馆，2014年，第470页。——译注

领域"到底指的是什么。不过，当读者自1989年以来通过《论稿》第247节了解到，首次在《论稿》中拟订出来的本有历史性的思想的结构就是《艺术作品的本源》一文的"缄默无声的源泉领域"，这时候，上面讲的这种幽暗不明状况就涣然冰释了。

在"附录"中（本书边码第73页），海德格尔进而也写道："艺术〔……〕归属于本有"，正如这种本有（Ereignis）的本质构造首次在《哲学论稿（从本有而来）》中得到了制订。由此也可揭示关于《艺术作品的本源》的那十二个明确地讨论"本有"的作者边注。这些作者边注绝非事后才在本有之思想（Ereignis-Denken）与《艺术作品的本源》一文之间建立一种关联。《艺术作品的本源》一文的事态自始就是根据在本有之"本质构造"中的"诸种关联和联系"而得到思考的，但本有之语言（Ereignis-Sprache）却蓄意地保持了缄默。所以，这些作者边注是要把起初有意识地缄默不语的东西从这种缄默无声状态中提取出来，进而明确地以本有的语言（Sprache des Ereignisses）来加以命名。

弗里德里希-威廉姆·冯·海尔曼

艺术作品的本源[①][②]

本源[③]一词在此指的是，一个事物从何而来，通过什么它是其所是并且如其所是。某个东西如其所是地是什么，我们称之为它的本质。某个东西的本源就是它的本质之源。对艺术作品之本源的追问就是追问艺术作品的本质之源。按照通常的想法，作品来自艺术家的活动，是通过

---

① 译文根据海德格尔：《林中路》(*Holzwege*)(《全集》第5卷，维多里奥·克劳斯特曼出版社，美因法兰克福，1994年)；中译本，孙周兴译，上海译文出版社，1997年初版，2004年修订版；商务印书馆，2015年。——译注

② 1960年雷克拉姆版：此项尝试（1935/1937年）依照对"真理"这个名称的不当使用（表示被克制的澄明与被照亮者）来说是不充分的。参看《路标》第268页以下，《黑格尔与希腊人》一文；《面向思想的事情》，第77页注，"哲学的终结与思想的任务"。——艺术：在本有（Ereignis）中被使用的自行遮蔽之澄明的产生（Her-vor-bringen）——进入构形（Gebild）之庇护。——作者边注

产生与构形：参看"语言与家乡"，《从思想的经验而来》。——作者边注

③ 1960年雷克拉姆版：关于"本源"（Ursprung）的谈论易致误解。——作者边注

艺术家的活动而产生的。但艺术家又是通过什么、从何而来成其为艺术家的呢？① 通过作品；因为一件作品给作者带来了声誉，这就是说：唯有作品才使艺术家以一位艺术大师的身份出现。艺术家是作品的本源。作品是艺术家的本源。彼此不可或缺。但任何一方都不能全部包含了另一方。无论就它们本身还是就两者的关系来说，艺术家与作品向来都是通过一个第三者而存在的；这个第三者乃是第一位的，它使艺术家和艺术作品获得各自的名称。这个第三者就是艺术。

正如艺术家必然地以某种方式成为作品的本源，其方式不同于作品之为艺术家的本源，同样地，艺术也以另一种不同的方式确凿无疑地同时成为艺术家和作品的本源。但艺术竟能成为一个本源吗？哪里以及如何有艺术呢？艺术，它只还不过是一个词语而已，再也没有任何现实事物与之对应。它可以被看作一个集合观念，我们把仅从艺术而来才是现实的东西，即作品和艺术家，置于这个集合观念之中。即使艺术这个词语所标示的意义超过了一个集合观念，艺术这个词语的意思恐怕也只有在作品和艺术家的现实性的基础上才能存在。抑或，事情恰恰相反？唯当② 艺术存在，而且是作为作品和艺术家的本源而存在之际，

---

① 1960年雷克拉姆版：艺术家之所是。——作者边注
② 1960年雷克拉姆版：有艺术（*Es die Kunst gibt*）。——作者边注

才有作品和艺术家吗？

无论怎样做出决断，关于艺术作品之本源的问题都势必成为艺术之本质的问题。可是，因为艺术究竟是否存在，以及如何存在的问题必然还是悬而未决的，所以，我们将尝试在艺术无可置疑地起现实作用的地方寻找艺术的本质。艺术在艺术-作品中成就本质。但什么以及如何是一件艺术作品呢？

什么是艺术？这应当从作品那里获得答案。什么是作品？我们只能从艺术的本质那里经验到。任何人都能觉察到，我们这是在绕圈子。通常的理智要求我们避免这种循环，因为它是与逻辑相抵牾的。人们认为，艺术是什么，可以从我们对现有艺术作品的比较考察中获知。而如果我们事先并不知道艺术是什么，我们又如何确认我们这种考察是以艺术作品为基础的呢？但是，与通过对现有艺术作品的特性的收集一样，我们从更高级的概念做推演，也是同样得不到艺术的本质的；因为这种推演事先也已经看到了那样一些规定性，这些规定性必然足以把我们事先就认为是艺术作品的东西呈现给我们。可见，从现有作品中收集特性和从基本原理中进行推演，在此同样都是不可能的；若在哪里这样做了，也是一种自欺欺人。

因此，我们就不得不绕圈子了。这并非权宜之计，也不是什么缺憾。踏上这条道路，乃思想的力量；保持在这条道路上，乃思想的节日——假设思想是一种行业的话。

不仅从作品到艺术和从艺术到作品的主要步骤是一种循环，而且我们所尝试的每一个具体步骤，也都在这种循环之中兜圈子。

为了找到在作品中真正起着支配作用的艺术的本质，我们还是来探究一下现实的作品，追问一下作品：作品是什么以及如何是。

艺术作品是人人熟悉的。在公共场所，在教堂和住宅里，我们可以见到建筑作品和雕塑作品。在博物馆和展览馆里，安放着不同时代和不同民族的艺术作品。如果我们根据这些作品的未经触及的现实性去看待它们，同时又不至于自欺欺人的话，那就显而易见：这些作品与通常事物一样，也是自然现存的。一幅画挂在墙上，就像一支猎枪或者一顶帽子挂在墙上。一幅油画，比如凡·高那幅描绘一双农鞋的油画，就从一个画展转到另一个画展。人们运送作品，犹如从鲁尔区运送煤炭，从黑森林运送木材。在战役期间，士兵们把荷尔德林的赞美诗与清洁用具一起放在背包里。贝多芬的四重奏存放在出版社仓库里，与地窖里的马铃薯无异。

所有作品都具有这样一种物因素（das Dinghafte）。倘若它们没有这种物因素会是什么呢？但是，我们也许不满于这种颇为粗俗和肤浅的作品观点。发货人或者博物馆清洁女工可能会以此种关于艺术作品的观念开展活动。但我们却必须根据艺术作品如何与体验和享受它们的人们相遭遇的情况来看待它们。可是，即便人们经常引证的审美体验也摆脱不了艺术作品的物因素。在建筑作品中有石质的东西。在木刻作品中有木质的东西。在绘画中有色彩的东西。在语言作品中有话音。在音乐作品中有声响。在艺术作品中，物因素是如此稳固，以致我们毋宁必须反过来说：建筑作品存在于石头里。木刻作品存在于木头里。油画在色彩里存在。语言作品在话音里存在。音乐作品在音响里存在。这是不言而喻的嘛——人们会回答。确然。但艺术作品中这种不言自明的物因素究竟是什么呢？

对这种物因素的追问兴许是多余的，引起混乱的，因为艺术作品除了物因素之外还是某种别的东西。其中这种别的东西构成艺术因素。诚然，艺术作品是一种制作的物，但它还道出了某种别的东西，不同于纯然的物本身，即 ἄλλο ἀγορεύει。作品还把别的东西公之于世，它把这个别的东西敞开出来；所以作品就是比喻。在艺术作品中，制作物还与这个别的东西结合在一起了。"结合"在希腊文中叫作 συμβάλλειν。作品就是符号。①

比喻和符号给出一个观念框架，长期以来，人们对艺术作品的描绘就活动在这个观念框架的视角中。不过，作品中唯一的使某个别的东西敞开出来的东西，这个把某个别的东西结合起来的东西，乃是艺术作品中的物因素。看

---

① 此处"符号"（Symbol）亦可译作"象征"。——译注

起来，艺术作品中的物因素差不多像是一个屋基，那个别的东西和本真的东西就筑居于其上。而且，艺术家以他的手工活所真正地制造出来的，不就是作品中的这样一种物因素吗？

我们是要找到艺术作品的直接而丰满的现实性；因为只有这样，我们也才能在艺术作品中发现真实的艺术。可见我们首先必须把作品的物因素收入眼帘。为此我们就必须充分清晰地知道物是什么。只有这样，我们才能说，艺术作品是不是一个物，而还有别的东西就是附着于这个物上面的；只有这样，我们才能做出决断，根本上作品是不是某个别的东西而绝不是一个物。

物与作品

物之为物，究竟是什么呢？当我们这样发问时，我们是想要认识物之存在（即物性，die Dingheit）。要紧的是对物之物因素的经验。为此，我们就必须了解我们长期以来以物这个名称来称呼的所有那些存在者所归属的领域。

路边的石头是一件物，田野上的泥块也是一件物。瓦罐是一件物，路旁的水井也是一件物。但罐中的牛奶和井里的水又是怎么回事呢？如果把天上白云，田间蓟草，秋风中的落叶，森林上空的苍鹰都名正言顺地叫做物的话，那么，牛奶和水当然也是物。实际上，所有这一切都必须被称为物，哪怕是那些不像上面所述的东西那样显示自身的东西，也即并不显现的东西，人们也冠以物的名字。这种本身并不显现的物，即一种"自在之物"，例如按照康德的看法，就是世界整体，这样一种物甚至就是上帝本身。在哲学语言中，自在之物和显现出来的物，根本上存在着的一切存在者，统统被叫做物。

在今天，飞机和电话固然是与我们最切近的物了，但当我们意指终极之物时，我们却在想完全不同的东西。终极之物，那是死亡和审判。总的说来，物这个词语在这里是指任何全然不是虚无的东西。根据这个意义，艺术作品也是一种物，只要它毕竟是某种存在者的话。可是，这种关于物的概念对我们的意图至少没有直接的帮助。我们的意图是把具有物之存在方式的存在者与具有作品之存在方式的存在者划分开来。此外，把上帝叫做一个物，也一再让我们大有顾忌。同样地，把田地上的农夫、锅炉前的火夫、学校里的教师视为一种物，也是令我们犹豫的。人可不是物啊。诚然，对于一个遇到过度任务的小姑娘，我们把她叫做还太年少的小东西①，但之所以这样，只是因为在这里，我们发觉人的存在在某种程度上已经丢失，以为宁可去寻找那构成物之物因素的东西了。我们甚至不能贸

---

① 此处"东西"原文为Ding，即在上下文中出现的"物"。——译注

然地把森林旷野里的鹿，草木丛中的甲虫和草叶称为一个物。我们宁愿认为锤子、鞋子、斧子、钟是一个物。但甚至连这些东西也不是一个纯然的物。纯然的物在我们看来只有石头、土块、木头。自然和用具中无生命的东西。自然物和使用之物，就是我们通常所谓的物。

于是，我们看到自己从一切皆物（物 = res = ens = 存在者），包括最高的和终极的东西也是物这样一个最广的范围，回到纯然的物这个狭小区域里来了。在这里，"纯然"一词一方面是指：径直就是物的纯粹之物，此外无他；另一方面，"纯然"同时也指：只在一种差不多带有贬义的意思上还是物。纯然的物，甚至排除了用物，被视为本真的物。那么，这种本真的物的物因素基于何处呢？物的物性只有根据这种物才能得到规定。这种规定使我们有可能把物因素本身标画出来。有了这样的准备，我们就能够标画出作品的那种几乎可以触摸的现实性，标画出其中还隐含着的别的东西。

现在，一个众所周知的事实是：自古以来，只要存在者究竟是什么的问题被提了出来，在其物性中的物就总是作为赋予尺度的存在者而一再地突现出来了。据此，我们就必定已经在对存在者的传统解释中与关于物之物性的界定相遇了。所以，为了消除自己对物之物因素的探求的枯燥辛劳，我们只需明确地获取这种留传下来的关于物的知识就行了。关于物是什么这个问题的答案在某种程度上是我们熟悉的，我们不认为其中还有什么值得追问的东西。

对物之物性的各种解释在西方思想进程中起着支配作用，它们早已成为不言自明的了，今天还在日常中使用。这些解释可以概括为三种。

例如，这块花岗岩石是一个纯然的物。它坚硬、沉重、有长度、硕大、不规则、粗糙、有色、部分黯淡、部分光亮。我们能发觉这块岩石的所有这些因素。我们把它们当作这块岩石的识别特征。而这些特征其实意味着这块岩石本身所具有的东西。它们就是这块岩石的固有特性。这个物具有这些特性。物？我们现在意指物时，我们想到的是什么呢？显然，物绝不光是特征的集合，也不是这些特征的集合由以出现的各种特性的堆积。人人都自以为知道，物就是那个把诸特性聚集起来的东西。进而，人们就来谈论物的内核。据说希腊人已经把这个内核称为 τὸ ὑποκείμενον［基体、基底］了。当然，在他们看来，物的这个内核乃是作为根基，并且总是已经呈放在眼前的东西。而物的特征则被叫做 τὰ συμβεβηκότα[①]，即总是也已经与那个向来呈放者一道出现和产生的东西。

这些称法并不是什么任意的名称。其中道出了希腊人关于在场状态（Anwesenheit）意义上的存在者之存在的基本经验。这是我们这里不再能表明的了。而通过这些

[①] 后世以"属性"（accidens）译之，见下文的讨论。——译注

规定，此后关于物之物性的决定性解释才得以奠基，西方对存在者之存在的解释才得以固定下来。这种解释始于罗马-拉丁思想对希腊词语的吸取。ὑποκείμενον［基体、基底］成了 subiectum［主体］；ὑπόστασις［呈放者］成了 substantia［实体］；συμβεβηκός［特征］成了 accidens［属性］。这样一种从希腊名称向拉丁语的翻译绝不是一件毫无后果的事情——确实，直到今天，也还有人认为它是无后果的。毋宁说，在似乎是字面上的，因而具有保存作用的翻译背后，隐藏着希腊经验向另一种思维方式的转渡①。罗马思想接受了希腊的词语，却没有继承相应的同样源始的由这些词语所道说出来的经验，即没有继承希腊人的话。②西方思想的无根基状态即始于这种转渡。

按照流行的意见，把物之物性规定为具有诸属性的实体，似乎与我们关于物的素朴观点相吻合。毫不奇怪，流行的对物的态度，也即对物的称呼和关于物的谈论，也是以这种关于物的通常观点为尺度的。简单陈述句由主语和谓语构成，主语一词是希腊文 ὑποκείμενον［基体、基底］

---

① 德语动词 übersetzen 作为可分动词，有"摆渡、渡河"之意；而作为不可分动词，有"翻译、改写"之意。海德格尔在此突出该词的前一含义，我们权译之为"转渡"。"翻译"不只是字面改写，而是思想的"转渡"。——译注

② 在海德格尔看来，罗马-拉丁思想对希腊思想的"翻译"只是字面上对希腊之词语（复数的 Wörter）的接受，而没有真正吸收希腊思想的内涵，即希腊的"话"（单数的 Wort）。——译注

一词的拉丁文翻译，既为翻译，也就有了转义；谓语所陈述的则是物之特征。谁敢撼动物与命题，命题结构与物的结构之间的这样一种简单明了的基本关系呢？然而，我们却必须追问：简单陈述句的结构（主语与谓语的联结）是物的结构（实体与属性的统一）的映像吗？或者，如此这般展现出来的物的结构竟是根据命题框架被设计出来的吗？

人把自己在陈述中把握物的方式转嫁到物自身的结构上去——还有什么比这更容易理解的呢？不过，在发表这个似乎是批判性的，但却十分草率的意见之前，我们首先还必须弄明白，如果物还是不可见的，那么这种把命题结构转嫁到物上面的做法是如何可能的。谁是第一位和决定性的，是命题结构呢还是物的结构？这个问题直到眼下还没有得到解决。甚至，以此形态出现的问题究竟是否可以解决，也还是令人起疑的。

从根本上说来，既不是命题结构给出了勾画物之结构的标准，物之结构也不可能在命题结构中简单地得到反映。就其本性和其可能的交互关系而言，命题结构和物的结构两者具有一个共同的更为源始的根源。总之，对物之物性的第一种解释，即认为物是其特征的载体，不管它多么流行，还是没有像它自己所标榜的那样朴素自然。让我们觉得朴素自然的，兴许仅只是一种长久的习惯所习以为常的东西，而这种习惯却遗忘了它赖以产生的异乎寻常的东西。然而，正是这种异乎寻常的东西一度作为令人诧异的东西震惊了人们，并且使思想惊讶不已。

对这种流行的物之解释的信赖只是表面看来是凿凿有据的。此外，这个物的概念（物是它的特征的载体）不仅适合于纯然的和本真的物，而且适合于任何存在者。因而，这个物的概念也从来不能帮助人们把物性的存在者与非物性的存在者区分开来。但在所有这些思考之前，有物之领域内的清醒逗留已经告诉我们，这个物之概念没有切中物之物因素，没有切中物的根本要素和自足特性。偶尔，我们甚至有这样一种感觉，即，也许长期以来物之物因素已经遭受了强暴，并且思想参与了这种强暴；因为人们坚决拒绝思想而不是努力使思想更具思之品性。但是，在规定物之本质时，如果只有思想才有权言说，那么，一种依然如此肯定的感觉应该是什么呢？不过，也许我们在这里和在类似情形下称之为感觉或情绪的东西，是更为理性的，亦即更具有知觉作用的，因而比所有理性（Vernunft）更向存在敞开；而这所有的理性此间已经成了ratio［理智］，被理智地误解了。①在这里，对非-理智的垂涎，作为未经思想的理智的怪胎，帮了古怪的忙。诚然，这个流行的物之概念在任何时候都适合于任何物，但

---

① 德文的Vernunft（理性）与拉丁文的ratio（理智）通常是对译的两个词语，海德格尔在这里却对两词作了区分。——译注

它把握不了本质地现身的物，而倒是扰乱了它。

这样一种扰乱或能避免吗？如何避免呢？大概只有这样：我们给予物仿佛一个自由的区域，以便它直接地显示出它的物因素。首先我们必须排除所有会在对物的理解和陈述中跻身到物与我们之间的东西，唯有这样，我们才能沉浸于物的无伪装的在场（Anwesen）。但是，这种与物的直接遭遇，既不需要我们去索求，也不需要我们去安排。它早就发生着。在视觉、听觉和触觉当中，在对色彩、声响、粗糙、坚硬的感觉中，物——完全在字面上说——逼迫着我们。物是 αἰσθητόν [感性之物]，即，在感性的感官中通过感觉可以感知的东西。由此，后来那个物的概念就变得流行起来了，按照这个概念，物无非是感官上被给予的多样性之统一体。至于这个统一体是被理解为全体，还是整体或者形式，都丝毫没有改变这个物的概念的决定性特征。

于是，这种关于物之物性的解释，如同前一种解释一样，也是正确的和可证实的。这就足以令人怀疑它的真实性了。如果我们再考虑到我们所寻求的物之物因素，那么，这个物的概念就又使我们无所适从了。我们从未首先并且根本地在物的显现中感觉到一种感觉的涌逼，例如乐音和噪音的涌逼——正如这种物之概念所断言的那样；而不如说，我们听到狂风在烟囱上呼啸，我们听到三马达的飞机，我们听到与鹰牌汽车迥然不同的奔驰汽车。物本身要比所有感觉更切近于我们。我们在屋子里听到敲门，但我们从未听到听觉的感觉，或者哪怕是纯然的嘈杂声。为了听到一种纯然的嘈杂声，我们必须远离物来听，使我们的耳朵离开物，也即抽象地听。①

在我们眼下所说的这个物的概念中，并没有多么强烈的对物的扰乱，而倒是有一种过分的企图，要使物以一种最大可能的直接性接近我们。但只要我们把在感觉上感知的东西当作物的物因素赋予物，那么，物就绝不会满足上述企图。第一种关于物的解释仿佛使我们与物保持着距离，而且把物挪得老远；而第二种解释则过于使我们为物所纠缠了。在这两种解释中，物都消失不见了。因此，确实需要避免这两种解释的夸大。物本身必须保持在它的自持（Insichruhen）中。物应该置于它本己的坚固性中。这似乎是第三种解释所为，而这第三种解释与上面所说的两种解释同样地古老。

给物以持久性和坚固性的东西，同样也是引起物的感性涌迫方式的东西，即色彩、声响、硬度、大小，是物的

---

① 人与物之间首先是一种"存在关系"（人总是已经寓于物而存在），尔后才是一种"认识关系"（人通过感觉去把握事物），故海德格尔说，人首先"听"汽车，而不是首先听"汽车的声音"。汽车比我们所感觉的汽车声更切近于我们。这种超出"知识关系"的实存论存在学层面上的思考，在《存在与时间》中即已成型。特别可参看海德格尔：《存在与时间》，中译本，陈嘉映、王庆节译，商务印书馆，2016年，第157—159页。——译注

质料。把物规定为质料（ΰλη），同时也就已经设定了形式（μορφή）。物的持久性，即物的坚固性，就在于质料与形式的结合。物是具有形式的质料。这种物的解释要求直接观察，凭这种观察，物就通过其外观（εἶδος）关涉于我们。有了质料与形式的综合，人们终于寻获了一个物的概念，它对自然物和用具物都是很适合的。

这个物的概念使我们能够回答艺术作品中的物因素问题。作品中的物因素显然就是构成作品的质料。质料是艺术家创造活动的基底和领域。但我们本可以立即就得出这个明了的众所周知的观点的。我们为什么要在其他流行的物的概念上兜圈子呢？那是因为，我们对这个物的概念，即把物当作具有形式的质料的概念，也是有怀疑的。

可是，在我们活动于其中的领域内，质料-形式这对概念不是常用的吗？确然。质料与形式的区分，而且以各种不同的变式，绝对是所有艺术理论和美学的概念图式。不过，这一无可争辩的事实却并不能证明形式与质料的区分是有充足的根据的，也不证明这种区分源始地属于艺术和艺术作品的领域。再者，长期以来，这对概念的使用范围已经远远地越出了美学领域。形式与内容是无论什么东西都可以归入其中的笼统概念。甚至，即使人们把形式称作理性而把质料归于非理性，把理性当作逻辑而把非理性当作非逻辑，甚或把主体-客体关系与形式-质料这对概念结合在一起，这种表象（Vorstellen）仍然具有一种无物能抵抗得了的概念机制。

然而，如果质料与形式的区分的情形就是如此，我们又该怎样借助于这种区分，去把握与其他存在者相区别的纯然物的特殊领域呢？或许，只消我们取消这些概念的扩张和空洞化，根据质料与形式来进行的这样一种标画就能重新赢获它的规定性力量。确实如此；但这却是有条件的，其条件就是：我们必须知道，它是在存在者的哪个领域中实现其真正的规定性力量的。说这个领域是纯然物的领域，这到眼下为止还只是一个假定而已。指出这一概念结构在美学中的大量运用，这或许更能带来这样一种想法，即认为：质料与形式是艺术作品之本质的原生规定性，并且只有从此出发才反过来被转嫁到物上去。质料－形式结构的本源在哪里呢？在物之物因素中呢，还是在艺术作品的作品因素之中？

自持的花岗岩石块是一种质料，它具有一种尽管笨拙，但却确定的形式。在这里，形式意指诸质料部分的空间位置分布和排列，此种分布和排列带来一个特殊的轮廓，也即一个块状的轮廓。但是，罐、斧、鞋等，也是处于某种形式当中的质料。在这里，作为轮廓的形式并非一种质料分布的结果。相反地，倒是形式规定了质料的安排。不止于此，形式甚至先行规定了质料的种类和选择：罐要有不渗透性，斧要有足够的硬度，鞋要坚固同时具有柔韧性。此外，在这里起支配作用的形式与质料的交织首先就从罐、斧和鞋的用途方面被处置好了。这种有用性（Dienlichkeit）从来不是事后才被指派和加给罐、斧、鞋这类存在者的。但它也不是作为某种目的而四处漂浮于存在者之上的什么东西。

有用性是一种基本特征，由于这种基本特征，这个存在者便凝视我们，亦即闪现于我们面前，并因而现身在场，从而成为这种存在者。不光是赋形活动，而且随着赋形活动而先行给定的质料选择，因而还有质料与形式的结构的统治地位，都建基于这种有用性之中。服从有用性的存在者，总是制作过程的产品。这种产品被制作为用于什么的器具（Zeug）。因而，作为存在者的规定性，质料和形式就寓身于器具的本质之中。器具这一名称指的是为了使用和需要所特别制造出来的东西。质料和形式绝不是纯然物的物性的源始规定性。

器具，比如鞋具吧，作为完成了的器具，也像纯然物那样，是自持的；但它并不像花岗岩石块那样具有那种自生性①。另一方面，器具也显示出一种与艺术作品的亲缘关系，因为器具也出自人的手工。而艺术作品由于其自足的在场却又堪与自身构形的不受任何压迫的纯然物相比较。尽管如此，我们并不把作品归入纯然物一类。我们周围的用具物毫无例外地是最切近和本真的物。于是，器具

---

① 原文为Eigenwüchsiges，或可译为"自身构形特性"。——译注

既是物，因为它被有用性所规定，但又不只是物；器具同时又是艺术作品，但又要逊色于艺术作品，因为它没有艺术作品的自足性。假如允许作一种计算性排列的话，我们可以说，器具在物与作品之间有一种独特的中间地位。

而质料-形式结构，由于它首先规定了器具的存在，就很容易被看作任何存在者的直接可理解的状态，因为在这里从事制作的人本身已经参与进来了，也即参与了一个器具进入其存在（Sein）①的方式。由于器具拥有一个介于纯然物和作品之间的中间地位，因而人们很自然地想到，借助于器具存在（质料-形式结构）也可以掌握非器具性的存在者，即物和作品，甚至一切存在者。

不过，把质料-形式结构视为任何一个存在者的这种状态的倾向，还受到了一个特殊的推动，这就是：事先根据一种信仰，即圣经的信仰，把存在者整体表象为受造物，在这里也就是被制作出来的东西。虽然这种信仰的哲学能使我们确信上帝的全部创造作用完全不同于工匠的活动，但如果同时甚或先行就根据托马斯主义哲学对于圣经解释的信仰的先行规定，从materia［质料］和forma［形式］的统一方面来思考ens creatun［受造物］，那么，这种信仰就是从一种哲学那里得到解释的，而这种哲学的真

---

① 1960年雷克拉姆版：（走向其）进入其在场状态（Anwesenheit）。——作者边注

理乃基于存在者的一种无蔽状态,后者不同于信仰所相信的世界。①

建基于信仰的创造观念,虽然现在可能丧失了它在认识存在者整体这回事情上的主导力量,但是一度付诸实行的、从一种外来哲学中移植过来的对一切存在者的神学解释,亦即根据质料和形式的世界观,却仍然保持着它的力量。这是在中世纪到近代的过渡期发生的事情。近代形而上学也建基于这种具有中世纪特征的形式-质料结构之上,只是这个结构本身在字面上还要回溯到εἶδος[外观、爱多斯]和ὕλη[质料]的已被掩埋起来的本质那里。因此,根据质料和形式来解释物,不论这种解释仍旧是中世纪的还是成为康德先验论的,总之它已经成了流行的自明的解释了。但正因为如此,它便与上述的另外两种物之物性的解释毫无二致,也是对物之物存在(Dingsein)的扰乱。

光是由于我们把本真的物称为纯然物,就已经泄露了实情。"纯然"毕竟意味着对有用性和制作特性的排除。纯然物是一种器具,尽管是被剥夺了其器具存在的器具。物之存在就在于此后尚留剩下来的东西。但这种剩余没有在其存在特性方面得到专门规定。物之物因素是否在排除

---

① 1950年第一版:1.圣经的创世信仰;2.因果性的和存在者状态上的托马斯主义解释;3.对ὄν[存在者]的原始的亚里士多德解释。——作者边注

所有器具因素的过程中有朝一日显露出来，这还是一个疑问。因此，物之解释的第三种方式，亦即以质料-形式结构为线索的解释方式，也终于表现为对物的一种扰乱。

上面三种对物性的规定方式把物理解为特征的载体、感觉多样性的统一体和具有形式的质料。在关于存在者之真理的历史进程中，这三种解释还有互相重合的时候，不过这一点我们可以暂且按下不表。在这种重合中，它们加强了各自固有的扩张过程，以至于它们同样地成了对物、器具和作品有效的规定方式。于是，从中产生出一种思维方式，我们不仅特别地根据这种思维方式去思考物、器具和作品，而且也一般地根据这种思维方式去思考一切存在者。这种久已变得流行的思维方式抢先于一切有关存在者的直接经验。这种先入之见阻碍着对当下存在者之存在的沉思。这样一来，流行的关于物的概念既阻碍了人们去发现物之物因素，也阻碍了人们去发现器具之器具因素，尤其是阻碍了人们对作品之作品因素的探究。

这一事实说明为什么我们必需知道上面这些关于物的概念，为的是在这种知道中思索这些关于物的概念的来源以及它们无度的僭越，但也是为了思索它们的自明性的假象。而当我们冒险一试，尝试考察和表达出物之物因素、器具之器具因素、作品之作品因素时，这种知道就愈加必需了。但为此只需做到一点，那就是：防止上述思维方式的先入之见和无端滥用，比如，让物在其物之存在中憩息于自身。还有什么比让存在者保持原样的存在者显得更轻松的呢？抑或，以这样一个任务，我们是不是面临着最为艰难的事情，尤其是当这样一个意图——即让存在者如其所是地存在——与那种为了一个未经检验的存在概念而背弃存在者的漠然态度相对立时？我们应该回归到存在者那里，根据存在者之存在来思考存在者本身，而与此同时通过这种思考又使存在者憩息于自身。

看起来，在对物之物性的规定中，上面这种思想努力遇到了最大的阻力；因为上述种种尝试失败的原因不就在这里吗？毫不显眼的物最为顽强地躲避思想。或者，纯然物的这样一种自行抑制，这样一种憩息于自身中的无所促逼的状态，恰恰就应当属于物的本质吗？那么，难道物之本质中那种令人诧异的和封闭的东西，对于一种试图思考物的思想来说就必定不会成为亲熟的东西吗？如果是这样，那我们就不可强求一条通往物之物因素的道路了。

对物之物性的道说特别艰难而稀罕。对于这一点，我们前面挑明的对物之物性的解释的历史已经是一个可靠的证据了。这一历史也就是那种命运（Schicksal），西方思想迄今都是依此命运去思考存在者之存在的。不过，我们现在不仅要确定这一点。我们同时要在这种历史中获取一种暗示。在物之解释中，那种以质料与形式为引线的解释具有一种特殊的支配地位，这难道是偶然的吗？这种物之规定起于一种对器具之器具存在的解释。器具这种存在者以一种特殊的方式靠近于人的表象，因为它是通过我们自己的制作而进入存在的。同时，这种以其存在而更显亲熟的存在者，即器具，就在物与作品之间具有一个特别的中间地位。我们将循着这一暗示，首先寻找器具之器具因素。也许我们由此可以对物之物因素和作品之作品因素有所领悟。我们只是须得避免过早地使物和作品成为器具的变种。但我们也要撇开这样一种可能性，即，甚至在器具的存在方式中也还有本质性的差异起着支配作用。

然而，哪条道路通向器具之器具因素呢？我们应当如何经验器具事实上是什么？现在必需的做法显然是必须消除那些立即又会带来通常解释的无端滥用的企图。对此，如果我们不用某种哲学理论而径直去描绘一个器具，那就最为保险了。

作为例子，我们选择一个常见的器具：一双农鞋。为了对它作出描绘，我们甚至无需展示这样一种用具的实物，人人都知道它。但由于在这里事关一种直接描绘，所以可能最好是为直观认识提供点方便。为了这种帮助，有一种形象的展示就够了。为此我们选择了凡·高的一幅著名油画。凡·高多次画过这种鞋具。但鞋具有什么看头呢？人人都知道鞋是什么东西？如果不是木鞋或者树皮鞋的话，我们在鞋上就可以看到用麻线和钉子连在一起的牛皮鞋底和鞋帮。这种器具是用来裹脚的。鞋或用于田间劳动，或用于翩翩起舞，根据不同的有用性，它们的质料和形式也不同。

此类正确的说明只是解说了我们已经知道的事情而已。器具的器具存在就在于它的有用性。可是，这种有用性本身的情形又是怎样呢？我们已经用有用性来把握器具之器具因素吗？为了做到这一点，难道我们不必从其用途上查找有用的器具吗？田间农妇穿着鞋子。只有在这里，鞋才成其所是。农妇在劳动时对鞋思量越少，或者观看得越少，或者甚至感觉得越少，它们就越是真实地成其所是。农妇穿着鞋站着或者行走。鞋子就这样现实地发挥用途。必定是在这样一种器具使用过程中，我们真正遇到了器具因素。

与此相反，只要我们仅仅一般地想象一双鞋，或者甚至在图像中观看这双只是摆在那里的空空的无人使用的鞋，那我们将绝不会经验到器具的器具存在实际上是什么。根据凡·高的画，我们甚至不能确定这双鞋是放在哪里的。①这双农鞋可能的用处和归属毫无透露，只是一个不确定的空间而已。上面甚至连田地里或者田野小路上的泥浆也没有沾带一点，后者本来至少可以暗示出这双农鞋的用途。只是一双农鞋，此外无他。然而——

从鞋具磨损的内部那黑洞洞的敞口中，凝聚着劳动步履的艰辛。这硬邦邦、沉甸甸的破旧农鞋里，聚积着那寒

---

① 1960年雷克拉姆版：以及它们是属于谁的。——作者边注

风料峭中迈动在一望无际的永远单调的田垄上的步履的坚韧和滞缓。鞋皮上沾着湿润而肥沃的泥土。暮色降临,这双鞋底在田野小径上踽踽而行。在这鞋具里,回响着大地无声的召唤,显示着大地对成熟谷物的宁静馈赠,表征着大地在冬闲的荒芜田野里朦胧的冬冥。这器具浸透着对面包的稳靠性无怨无艾的焦虑,以及那战胜了贫困的无言喜悦,隐含着分娩阵痛时的哆嗦,死亡逼近时的战栗。这器具属于大地(Erde),它在农妇的世界(Welt)里得到保存。正是由于这种保存的归属关系,器具本身才得以出现而得以自持。①

然而,我们也许只有在这个画出来的鞋具上才能看到所有这一切。相反,农妇就径直穿着这双鞋。倘若这种径直穿着果真如此简单就好了。暮色黄昏,农妇在一种滞重而健康的疲惫中脱下鞋子;晨曦初露,农妇又把手伸向它们;或者在节日里,农妇把它们弃于一旁。每当此时,未经观察和打量,农妇就知道那一切。虽然器具的器具存在就在其有用性中,但这种有用性本身又植根于器具的一种本质性存在的丰富性中。我们称之为可靠性(Verläßlichkeit)。借助于这种可靠性,农妇通过这个器具而被置入大地的无声召唤之中;借助于器具的可靠性,农

---

① 此段译文引自刘小枫:《诗化哲学》,山东人民出版社,1986年,第229页,稍有改动。也参看中文节译本,载李普曼编:《当代美学》,邓鹏译,光明日报出版社,1986年,第385页以下。——译注

妇才对自己的世界有了把握。世界和大地为她而在此，也为与她相随以她的方式存在的人们而在此，只是这样在此存在[①]：在器具中。我们说"只是"，在这里是令人误解的；因为器具的可靠性才给这单朴的世界带来安全，并且保证了大地无限延展的自由。

器具之器具存在，即可靠性，按照物的不同方式和范围把一切物聚集于一体。不过，器具的有用性只不过是可靠性的本质后果。有用性在可靠性中漂浮。要是没有可靠性就没有有用性。具体的器具会用旧用废；而与此同时，使用本身也变成了无用，逐渐损耗，变得寻常无殊。于是，器具之存在进入萎缩过程中，沦为纯然的器具。器具之存在的这样一种萎缩过程也就是可靠性的消失过程。也正是由于这一消失过程，用物才获得了它们那种无聊而生厌的惯常性，不过，这一过程更多地也只是对器具存在的源始本质的一个证明。器具的磨损的惯常性作为器具唯一的、表面上看来为其所特有的存在方式突现出来。现在，只还有枯燥无味的有用性才是可见的。它唤起一种假象，即，器具的本源在于纯然的制作过程中，制作过程才赋予某种质料以形式。可是，器具在其真正的器具存在中远不只是如此。质料与形式以及两者的区别有着更深的本源。

[①] 1960年雷克拉姆版："在此……存在"等于"在场"（anwesend）。——作者边注

自持的器具的宁静就在可靠性之中。只有在可靠性之中，我们才能发现器具实际上是什么。但对于我们首先所探寻的东西，即物之物因素，我们仍然茫然无知。尤其对于我们真正的、唯一的探索目的，即艺术作品意义上的作品的作品因素，我们就更是一无所知了。

或者，是否我们眼下在无意间，可说是顺带地，已经对作品的作品存在有了一鳞半爪的经验呢？

我们已经寻获了器具的器具存在。但又是如何寻获的呢？不是通过对一个真实摆在那里的鞋具的描绘和解释，不是通过对制鞋工序的讲述，也不是通过对张三李四实际使用鞋具过程的观察，而只是通过对凡·高的一幅画的观赏。这幅画道出了一切。走近这个作品，我们突然进入了另一个天地，其况味全然不同于我们惯常的存在。

艺术作品使我们懂得了鞋具实际上是什么。倘若我们以为我们的描绘是一种主观活动，已经如此这般勾勒好了一切，然后再把它置于画上，那就是最为糟糕的自欺了。如果说这里有什么值得起疑的地方的话，那就只有一点，即，我们站在作品近处经验得太过肤浅了，对自己的经验的言说太过粗陋和简单了。但首要地，这部作品并不像起初使人感觉的那样，仅只为了使人更好地目睹一个器具是什么。倒不如说，通过这个作品，也只有在这个作品中，器具的器具存在才专门显露出来了。

在这里发生了什么呢？在这作品中有什么东西在发挥

作用呢？凡·高的油画揭开了这个器具即一双农鞋实际上是什么。这个存在者进入它的存在之无蔽之中。希腊人把存在者之无蔽状态命名为 ἀλήθεια。我们说真理，但对这个词语少有足够的思索。在作品中，要是存在者是什么和存在者如何是被开启出来，也就有了作品中的真理的发生。

在艺术作品中，存在者之真理已经自行设置入作品中了。在这里，"设置"（Setzen）说的是：带向持立。一个存在者，一双农鞋，在作品中走进了它的存在的光亮中。存在者之存在进入其闪耀的恒定中了。

那么，艺术的本质或许就是：*存在者的真理自行设置入作品*。① 可是迄今为止，人们都一直认为艺术是与美的东西或美有关的，而与真理毫不相干。产生这类作品的艺术，亦被称为美的艺术，以区别于生产器具的手工艺。在美的艺术中，并不是说艺术就是美的，它之所以被叫做美的，是因为它产生美。相反，真理归于逻辑，而美留给了美学。

抑或，艺术即真理自行设置入作品这一命题竟会使那个已经过时的观点，即那个认为艺术是现实的模仿和反映的观点，卷土重来么？诚然，对现存事物的再现要求那种

---

① 德语原文为：das Sich-ins-Werk-Setzen der Wahrheit des Seienden。——译注

与存在者的符合一致，要求以存在者为衡度；在中世纪，人们说的是adaequatio［符合］；而亚里士多德早就说过ὁμοίωσις［肖似］。长期以来，与存在者的符合一致被视为真理的本质。但我们是不是认为凡·高的那幅画描绘了一双现存的农鞋，而且是因为把它描绘得惟妙惟肖，才成为一件作品的呢？我们是不是认为这幅画把现实事物描摹下来，并且把现实事物移置到艺术家生产的一个产品中去呢？绝对不是。

也就是说，作品绝不是对那些时时现存手边的个别存在者的再现，恰恰相反，它是对物的普遍本质的再现。但这个普遍本质究竟何在，又如何存在，使得艺术作品能与之符合一致呢？一座希腊神庙竟与哪个物的何种本质相符合呢？谁敢断言神庙的理念在这个建筑作品中得到表现是不可能的呢？而且实际上，只要它是一件艺术作品，那么在这件艺术作品中，真理就已设置入其中了。或者让我们来想一想荷尔德林的赞美诗《莱茵河》吧。诗人在此事先得到了什么，又是如何得到的，使得他进而能在诗中把它再现出来呢？要是荷尔德林这首赞美诗或其他类似的诗作仍不能说明现实与艺术作品之间的描摹关系，那么，另一部作品，即迈耶尔①的《罗马喷泉》一诗，似乎最好地证

---

① 迈耶尔（Conrad Ferdinand Meyer, 1825—1898）：瑞士德语作家。——译注

明那种认为作品描摹现实的观点。

罗马喷泉

水柱升腾又倾注
盈盈充满大理石圆盘，
渐渐消隐又流溢
落入第二层圆盘；
第二层充盈而给予，
更有第三层沸扬涌流，
层层圆盘，同时接纳又奉献
激流不止又泰然伫息

可这首诗既不是对实际现存的喷泉的诗意描画，也不是对罗马喷泉的普遍本质的再现。但真理却已经设置入作品中了。何种真理在作品中发生呢？真理当真能发生并且如此历史性地存在吗？而人们倒是说，真理乃是某种无时间的和超时间的东西。

我们寻求艺术作品的现实性，是为了实际地找到在其中起支配作用的艺术。物性的根基已经被表明为作品最切近的现实。而为了把握这种物性因素，传统的物的概念却是不够的；因为这些概念本身就错失了物因素的本质。流行的物的概念把物规定为有形式的质料，这根本就不是出自物的本质，而是出于器具的本质。我们也已经表明，长期以来，在对存在者的解释中，器具存在一直占据着一种独特的优先地位。这种过去未得到专门思考的器具存在的优先地位暗示我们，要在避开流行解释的前提下重新追问器具因素。

我们曾通过一件作品告诉自己器具是什么。由此，在作品中发挥作用的东西也几乎不露痕迹地显现出来，那就是在其存在中的存在者的开启，亦即真理之生发①。而现在，如果作品的现实性只能通过在作品中起作用的东西来规定的话，那么，我们在艺术作品的现实性中寻获现实的艺术作品这样一个意图的情形如何呢？只要我们首先在那种物性的根基中猜度作品的现实性，那我们就误入歧途了。现在，我们站在我们的思索的一个值得注意的成果面前——如果我们还可以称之为成果的话。有两点已经清楚了：

第一，把握作品中的物因素的手段，即流行的物概念，是不充分的。

第二，我们意图借此当作作品最切近的现实性来把握

---

① 此处名词Geschehnis在日常德语中意谓"事件、事变"，其动词形式geschehen意谓"发生、出现"。海德格尔在此强调的是"存在之真理"的动词性生成和展开。为从字面区别起见，我们且以"生发"译das Geschehnis；而动词geschehen和动名词Geschehen则被译为"发生"。——译注

的东西，即物性的根基，并不以此方式归属于作品。

一旦我们在作品中针对这样一种物性的根基，我们实际上已经不知不觉地把这件作品当作一个器具了，我们此外还在这个器具上准予建立一座包含着艺术成分的上层建筑。不过，作品并不是一个器具，一个此外还配置有某种附着于其上的审美价值的器具。作品丝毫不是这种东西，正如纯然物是一个仅仅缺少真正的器具特征即有用性和制作过程的器具。

我们对于作品的追问已经受到了动摇，因为我们并没有追问作品，而是时而追问一个物时而追问一个器具。不过，这并不是才由我们发展出来的追问。它是美学的追问态度。美学预先考察艺术作品的方式服从于对一切存在者的传统解释的统治。然而，动摇这种习惯的追问态度并不是本质性的。关键在于我们首先要开启一道眼光，看到下面这一点，即：只有当我们去思考存在者之存在之际，作品之作品因素、器具之器具因素和物之物因素才会接近我们。为此就必须预先拆除自以为是的障碍，把流行的虚假概念置于一边。因此我们不得不走了一段弯路。但这段弯路同时也使我们上了路，有可能把我们引向一种对作品中的物因素的规定。作品中的物因素是不能否定的，但如果这种物因素归属于作品之作品存在，那么，我们就必须根据作品因素来思考它。如果是这样，则通向对作品的物性现实性的规定的道路，就不是从物到作品，而是从作品到物了。

艺术作品以自己的方式开启存在者之存在。在作品中发生着这样一种开启,也即解蔽(Entbergen),也就是存在者之真理。在艺术作品中,存在者之真理自行设置入作品中了。艺术就是真理自行设置入作品中。那么,这种不时作为艺术而发生(ereignet)[①]的真理本身是什么呢?这种"自行设置入作品"(Sich-ins-Werk-Setzen)又是什么呢?

作品与真理

艺术作品的本源是艺术。但什么是艺术呢?在艺术作品中,艺术是现实的。因此,我们首先要寻求作品的现实性。这种现实性何在呢?艺术作品概无例外地显示出物因素,虽然方式各不相同。借助于惯常的物概念来把握作品的这样一种物之特征的尝试,已经失败了。这不光是因为此类物概念不能把捉物因素,而且是因为我们通过对其物性根基的追问,把作品逼入了一种先入之见,从而阻断了我们理解作品之作品存在的通路。只要

---

① 1960年雷克拉姆版:来自本有的真理!(Wahrheit aus Ereignis!)——作者边注

作品的纯粹自立还没有清楚地得到显示，则作品的物因素是绝不能得到判定的。

然则作品本身在某个时候是可通达的吗？为了成功地做到这一点，或许就有必要使作品从它与自身以外的东西的所有关联中解脱出来，从而让作品仅仅自为地依据于自身。而艺术家最本己的意旨就在于此。作品要通过艺术家而释放出来，达到它纯粹的自立。正是在伟大的艺术中（我们在此只谈论这种艺术），艺术家与作品相比才是某种无关紧要的东西，他就像一条为了作品的产生而在创作中自我消亡的通道。

作品本身就这样摆和挂在陈列馆和展览厅中。然而，作品在那里自在地就是它们本身所是吗？或者，它们在那里倒不如说是艺术行业的对象？作品乃是为了满足公众和个人的艺术享受的。官方机构负责照料和保护作品。鉴赏家和批评家也忙碌于作品。艺术交易操劳于市场。艺术史研究把作品当作科学的对象。然而，在所有这些繁忙折腾中，我们能遇到作品本身吗？

在慕尼黑博物馆里的《埃吉纳》群雕，索福克勒斯的《安提戈涅》的最佳校勘本，作为其所是的作品已经脱离了它们自身的本质空间。不管这些作品的名望和感染力是多么巨大，不管它们被保护得多么完好，人们对它们的解释是多么准确，它们被移置到一个博物馆里，它们也就远离了其自身的世界。但即使我们努力中止和避免这种对作品的移置，例如在原地探访波塞冬神庙，在原处探访班贝克大教堂，现存作品的世界也已经颓落了。

世界之抽离和世界之颓落再也不可逆转。作品不再是原先曾是的作品。虽然作品本身是我们在那里所遇见的，但它们本身却是曾在之物（die Gewesenen）。作为曾在之物，作品在承传和保存的领域内面对我们。从此以后，作品就一味地只是这种对象。它们面对我们，虽然还是先前自立的结果，但不再是这种自立本身了。这种自立已经从作品那里逃逸了。所有艺术行业，哪怕它被抬高到极致，哪怕它的一切活动都以作品本身为轴心，它始终只能达到作品的对象存在。但这种对象存在并不构成作品之作品存在。

然而，如果作品处于任何一种关系之外，那它还是作品吗？作品处于关系之中，这难道不是作品的本性吗？当然是的。只是还要追问：作品处于何种关系之中。

一件作品何所属？作品之为作品，唯属于作品本身开启出来的领域。因为作品的作品存在是在这种开启中成其本质的，而且仅只在这种开启中成其本质（wesen）①。我们曾说，真理之生发在作品中起作用。我们对凡·高的油画的提示试图道出这种真理的生发。有鉴于此，才出现了

---

① 后期海德格尔经常把德文名词"本质"（das Wesen）作动词化处理，以动词wesen来表示存在（以及真理、语言等）的现身、出场、运作。我们译之为"成其本质"，亦可作"现身"或"本质化"。——译注

什么是真理和真理如何可能发生这样的问题。

现在，我们在对作品的观照中来追问真理问题。但为了使我们对处于问题中的东西更熟悉些，有必要重新澄清作品中的真理的生发。针对这种意图，我们有意选择了一部不属于表现性艺术的作品。

一件建筑作品并不描摹什么，比如一座希腊神庙。它单朴地置身于巨岩满布的岩谷中。这个建筑作品包含着神的形象，并在这种隐蔽状态中，通过敞开的圆柱式门厅让神的形象进入神圣的领域。贯通这座神庙，神在神庙中在场。神的这种现身在场是在自身中对一个神圣领域的扩展和勾勒。但神庙及其领域却并非飘浮于不确定性中。正是神庙作品才嵌合那些道路和关联的统一体，同时使这个统一体聚集于自身周围；在这些道路和关联中，诞生和死亡，灾祸和福祉，胜利和耻辱，忍耐和堕落——从人类存在那里获得了人类命运的形态。这些敞开的关联所作用的范围，正是这个历史性民族的世界。出自这个世界并在这个世界中，这个民族才回归到它自身，从而实现它的使命。

这个建筑作品阒然无声地屹立于岩地上。作品的这一屹立道出了岩石那种笨拙而无所促迫的承受的幽秘。建筑作品阒然无声地承受着席卷而来的猛烈风暴，因此才证明了风暴本身的强力。岩石的璀璨光芒看来只是太阳的恩赐，然而它却使得白昼的光明、天空的辽阔、夜的幽暗显露出来。神庙坚固的耸立使得不可见的大气空间昭然可睹了。作品的坚固性遥遥面对海潮的波涛起伏,由于它的泰然宁静才显出了海潮的凶猛。树木和草地,兀鹰和公牛,长蛇和蟋蟀才进入它们突出鲜明的形象中,从而显示为它们所是的东西。希腊人很早就把这种露面、涌现本身和整体叫做Φύσις[1]。Φύσις[涌现、自然]同时也照亮了人在其上和其中赖以筑居的东西。我们称之为大地(Erde)。在这里,大地一词所说的,既与关于堆积在那里的质料体的观念相去甚远,也与关于一个行星的宇宙观念格格不入。大地是一切涌现者的返身隐匿之所,并且是作为这样一种把一切涌现者返身隐匿起来的涌现。在涌现者中,大地现身而为庇护者(das Bergende)。

神庙作品阒然无声地开启着世界,同时把这世界重又置回到大地之中。如此这般,大地本身才作为家园般的基地而露面。但人和动物、植物和物,从来就不是作为恒定不变的对象,不是现成的和熟悉的,从而可以附带地把对神庙来说适宜的周遭表现出来。此神庙有朝一日也成为现身在场的东西。如果我们把一切倒转过来[2]思考一切,我们倒是更切近于所是的真相;当然,这是有前提的,即,我们要事先看到一切如何不同地转向我们。纯然为倒转而

---

[1] 希腊文Φύσις通译为"自然",而依海德格尔之见,Φύσις是生成性的,本意应解作"出现""涌现"(aufgehen)等。——译注

[2] 1960年雷克拉姆版:倒转过来——往何处呢?——作者边注

倒转，是不会有什么结果的。

神庙在其阒然无声的矗立中才赋予物以外貌，才赋予人类以关于他们自身的展望。只要这个作品是作品，只要神还没有从这个作品那里逃逸，那么，这种视界就总是敞开的。①神的雕像的情形亦然，这种雕像往往被奉献给竞赛中的胜利者。它并非人们为了更容易认识神的形象而制作的肖像；它是一部作品，这部作品使得神本身现身在场，因而就是（ist）神本身。相同的情形也适合于语言作品。在悲剧中并不表演和展示什么，而是进行着新神反抗旧神的斗争。由于语言作品产生于民众的言语，因而它不是谈论这种斗争，而是改换着民众的言说，从而使得每个本质性的词语都从事着这种斗争并且作出决断：什么是神圣，什么是凡俗；什么是伟大，什么是渺小；什么是勇敢，什么是怯懦；什么是高贵，什么是粗俗；什么是主人，什么是奴隶（参看赫拉克利特，残篇第53）。

那么，作品之作品存在何在呢？在对刚才十分粗略地揭示出来的东西的不断展望中，我们首先对作品的两个本质特征该是较为明晰了。这里，我们是从早就为人们所熟悉了的作品存在的表面特征出发的，亦即是从作品存在的物因素出发的；我们通常对付作品的态度就是以物因素为

---

① 注意此处"外貌"（Gesicht）、"展望"（Aussicht）和"视界"（Sicht）之间的字面的和意义的联系。——译注

立足点的。

要是一件作品被安放在博物馆或展览厅里，我们会说，作品被建立（aufstellen）了。但是，这种建立与一件建筑作品的建造意义上的建立，与一座雕像的树立意义上的建立，与节日庆典中悲剧的表演意义上的建立，是大相径庭的。这种建立乃是奉献和赞美意义上的树立。这里的"建立"不再意味着纯然的设置。在建立作品时，神圣者作为神圣者开启出来，神被召唤入其现身在场的敞开之中；在此意义上，奉献就是神圣者之献祭（heiligen）。赞美属于奉献，它是对神的尊严和光辉的颂扬。尊严和光辉并非神之外和神之后的特性，不如说，神就在尊严中，在光辉中现身在场。我们所谓的世界，在神之光辉的反照中发出光芒，亦即光亮起来。树立（Er-richten）意味着：把在指引尺度意义上的公正性开启出来；而作为指引尺度，是本质性因素给出了指引。但为什么作品的建立是一种奉献着–赞美着的树立呢？因为作品在其作品存在中就要求如此。作品是如何要求这样一种建立的呢？因为作品本身在其作品存在中就是有所建立的。而作品之为作品建立什么呢？作品在自身中突现着，开启出一个世界，并且在运作中永远守持这个世界。

作品存在就是建立一个世界。但这个世界是什么呢？其实，当我们谈论神庙时，我们已经说明了这个问题。只有在我们这里所走的道路上，世界之本质才得以显示出来。甚至这种显示也局限于一种抵制，即抵制那种起初会把我们对世界之本质的洞察引入迷途的东西。

世界并非现成的可数或不可数的、熟悉或不熟悉的物的单纯聚合。但世界也不是一个加上了我们对现成事物之总和的表象的想象框架。世界世界化[1]，它比我们自认为十分亲近的可把握和可觉知的东西更具存在特性。世界绝不是立身于我们面前、能够让我们细细打量的对象。只要诞生与死亡、祝福与诅咒的轨道不断地使我们进入存在[2]，世界就始终是非对象性的东西，而我们人始终隶属于它。在我们的历史的本质性决断发生之处，在这些本质性决断为我们所采纳和离弃，误解和重新追问的地方，世界世界化。石头是无世界的。植物和动物同样也是没有世界的；它们落入一个环境，属于一个环境中掩蔽了的涌动的杂群。与此相反，农妇却有一个世界，因为她逗留于存在者之敞开领域中。器具以其可靠性给予这个世界一种自身的必然性和切近。由于一个世界敞开出来，所有的物都获得了自己的快慢、远近、大小。在世界化中，那种广袤（Geräumigkeit）聚集起来；由此广袤而来，诸神有所保

---

[1] "世界世界化"（Welt weltet）是海德格尔的一个独特表述，也可译为"世界世界着"或者"世界世界起来"。类似的表述还有："存在是、存在存在"（Sein ist）、"无不、无无化"（Nichts nichtet）、"时间时间化"（Zeit zeitigt）和"空间空间化"（Raum räumt）等。

[2] 1960年雷克拉姆版：此之在（Da-sein）。1957年第三版：本有（Ereignis）。——作者边注

存的恩宠得到了赠予或者拒绝。甚至那上帝缺席的厄运也是世界世界化的一种方式。

因为一件作品是作品,它就为那种广袤设置空间。"为……设置空间"(einräumen)在此特别意味着:开放敞开领域之自由,并且在其结构中设置这种自由。这种设置出于上面所说的树立。作品之为作品建立一个世界。作品张开了世界之敞开领域。但是,建立一个世界仅仅是这里要说的作品之作品存在的本质特性之一。至于另一个与此相关的本质特性,我们将用同样的方式从作品的显突因素那里探个明白。

一件作品从这种或者那种作品材料那里,诸如从石头、木料、铁块、颜料、语言、声音等那里,被创作出来,我们也说,它由此被置造(herstellen)出来。然而,正如作品要求一种在奉献着-赞美着的树立意义上的建立,因为作品的作品存在就在于建立一个世界,同样地,置造也是必不可少的,因为作品的作品存在本身就具有置造的特性。作品之为作品,本质上是有所置造的。但作品置造什么呢?关于这一点,只有当我们追究了作品的表面的、通常所谓的置造,我们才会有所了解。

作品存在包含着一个世界的建立。在此种规定的视界内来看,在作品中哪些本质是人们通常称之为作品材料的东西呢?器具由有用性和适用性所决定,它选取适用的质料并由这种质料组成。石头被用来制作器具,比如制作一把石斧。石头于是消失在有用性中。质料愈是优良愈是适宜,它也就愈无抵抗地消失在器具的器具存在中。而与此相反,神庙作品由于建立一个世界,它并没有使质料消失,倒是才使质料出现,而且使它出现在作品的世界的敞开领域之中:岩石能够承载和持守,并因而才成其为岩石;金属闪烁,颜料发光,声音朗朗可听,词语得以言说。①所有这一切得以出现,都是由于作品把自身置回到石头的硕大和沉重、木头的坚硬和韧性、金属的刚硬和光泽、颜料的明暗、声音的音调和词语的命名力量之中。

作品回归之处,作品在这种自身回归中让其出现的东西,我们曾称之为大地。大地乃是涌现着-庇护着的东西。大地是无所促迫的无碍无累和不屈不挠的东西。立于大地之上并在大地之中,历史性的人类建立了他们在世界之中的栖居。由于建立一个世界,作品置造大地。②在这里,我们应该从这个词的严格意义上来思置造。③作品把大地本身挪入一个世界的敞开领域中,并使之保持于其中。作品让④大地是⑤大地。⑥

---

① 1960年雷克拉姆版:吐露、言说。——作者边注
② 显然,海德格尔这里所谓"置造"不是指对象性的对事物的加工制作。——译注
③ 1960年雷克拉姆版:不充分。——作者边注
④ 1960年雷克拉姆版:叫(heißt)?参看拙文"物:四重整体(Ge-Viert)。——作者边注
⑤ 1960年雷克拉姆版:本有(Ereignis)。——作者边注
⑥ 此句原文为:Das Werk läßt die Erde eine Erde sein。——译注

33　　作品把自身置回到大地中，大地被置造出来。但为什么这种置造必须这样发生呢？什么是大地——恰恰以这种方式进入无蔽领域的大地呢？石头负荷并且显示其沉重。这种沉重向我们压来，它同时却拒绝我们向它穿透。要是我们砸碎石头而试图穿透它，石头的碎块却绝不会显示出任何内在的和被开启的东西。石头很快就又隐回到其碎块的负荷和硕大的同样的阴沉之趣中去了。要是我们把石头放在天平上面，试图以这种不同的方式来把捉它，那么，我们只不过是把石头的沉重带入重量计算之中而已。这种对石头的规定或许是很准确的，但只是数字而已，而负荷却从我们这里逃之夭夭了。色彩闪烁发光而且唯求闪烁。要是我们自作聪明地加以测定，把色彩分解为波长数据，那色彩早就杳无踪迹了。只有当它尚未被揭示、未被解释之际，它才显示自身。因此，大地让任何对它的穿透在它本身那里破灭了。大地使任何纯粹计算式的胡搅蛮缠彻底幻灭了。虽然这种胡搅蛮缠以科学技术对自然的对象化的形态给自己罩上统治和进步的假象，但是，这种支配始终是意欲的昏晕无能。只有当大地作为本质上不可展开的东西被保持和保护之际——大地退遁于任何展开状态，亦即保持永远的锁闭——大地才敞开地澄亮了，才作为大地本身而显现出来。大地上的万物，亦即大地整体本身，汇聚于一种交响齐奏之中。不过，这种汇聚并非消逝。在这里流动的是自身持守的河流，这条河流的界线的设置，把每个在场者都限制在其在场中。因此，在任何一个自行锁闭的物中，有着相同的自不相识（Sich-nicht-Kennen）。大地是本质上自行锁闭者。置造大地意思就是：把作为自行锁闭者的大地带入敞开领域之中。

这种对大地的置造由作品来完成，因为作品把自身置回到大地之中。但大地的自行锁闭并非单一的、僵固的遮盖，而是自身展开到其质朴方式和形态的无限丰富性之中。虽然雕塑家使用石头的方式，仿佛与泥瓦匠与石头打交道并无二致。但雕塑家并不消耗石头；除非出现败作时，才可以在某种程度上说他消耗了石头。虽然画家也使用颜料，但他的使用并不是消耗颜料，倒是使颜料得以闪耀发光。虽然诗人也使用词语，但他不像通常讲话和书写的人们那样不得不消耗词语，倒不如说，词语经由诗人的使用，才成为并且保持为词语。

在作品中根本就没有作品质料的痕迹。甚至，在对器具的本质规定中，通过把器具标识为在其器具性本质之中的质料，这样做是否就切中了器具的构成因素，这一点也还是值得怀疑的。

建立一个世界和置造大地，乃是作品之作品存在的两个基本特征。当然，它们是休戚相关的，处于作品存在的统一体中。① 当我们思考作品的自立，力图道出那种自身

---

① 1957年第三版：唯在此？或者这里只以被建造的方式。——作者边注

持守（Aufsichberuhen）的紧密一体的宁静时，我们就是在寻找这个统一体。

可是，凭上述两个基本特征，即使有某种说服力，我们却毋宁说是在作品中指明一种发生（Geschehen），而绝不是一种宁静；因为宁静不是与运动对立的东西又是什么呢？但它绝不是排除了自身运动的那种对立，而是包含着自身运动的对立。唯有动荡不安的东西才能宁静下来。宁静的方式随运动的方式而定。在物体的单纯位移运动中，宁静无疑只是运动的极限情形。要是宁静包含着运动，那么就会有一种宁静，它是运动的内在聚合，也就是最高的动荡状态——假设这种运动方式要求这种宁静的话。而自持的作品就具有这种宁静。因此，当我们成功地在整体上把握了作品存在中的发生的运动状态，我们就切近于这种宁静了。我们要问：建立一个世界和置造大地在作品本身中显示出何种关系？

世界是自行公开的敞开状态，即在一个历史性民族的命运中单朴而本质性的决断的宽阔道路的自行公开的敞开状态（Offenheit）。大地是那永远自行锁闭者和如此这般的庇护者的无所促迫的涌现。世界和大地本质上彼此有别，但却相依为命。世界建基于大地，大地穿过世界而涌现出来。但是，世界与大地的关系绝不会萎缩成互不相干的对立之物的空洞的统一体。世界立身于大地；在这种立身中，世界力图超升于大地。世界不能容忍任何锁闭，因为它是自行公开的东西。而大地是庇护者，它总是倾向于把世界摄入它自身并且扣留在它自身之中。

世界与大地的对立是一种争执（Streit）。但由于我们老是把这种争执的本质与分歧、争辩混为一谈，并因此只把它看作紊乱和破坏，所以我们轻而易举地歪曲了这种争执的本质。然而，在本质性的争执中，争执者双方相互进入其本质的自我确立中。而本质之自我确立从来不是固执于某种偶然情形，而是投入本己存在之渊源的遮蔽了的源始性中。在争执中，一方超出自身包含着另一方。争执于是总是愈演愈烈，愈来愈成为争执本身。争执愈强烈地独自夸张自身，争执者也就愈加不挠不屈地纵身于质朴的恰如其分的亲密性（Innigkeit）之中。大地离不开世界之敞开领域，因为大地本身是在其自行锁闭的被解放的涌动中显现的。而世界不能飘然飞离大地，因为世界是一切根本性命运的具有决定作用的境地和道路，它把自身建基于一个坚固的基础之上。

由于作品建立一个世界并置造大地，故作品就是这种争执的诱因。但是，争执的发生并不是为了使作品把争执消除和平息在一种空泛的一致性中，而是为了使争执保持为一种争执。作品建立一个世界并置造大地，同时就完成了这种争执。作品之作品存在就在于世界与大地的争执的实现过程中。因为争执在亲密性之单朴性中达到其极致，所以在争执的实现过程中就出现了作品的统一体。争执的实现过程是作品运动状态的不断自行夸大的聚集。因而在争执的亲密性中,自持的作品的宁静就有了它的本质。

只有在作品的这种宁静中,我们才能看到,什么在作品中发挥作用。迄今为止,认为在艺术作品中真理被设置入作品的看法始终还是一个先入为主式的断言。真理究竟怎样在作品之作品存在中发生呢?也就是说:在世界与大地的争执的实现过程中,真理究竟是怎样发生的呢?什么是真理呢?

我们关于真理之本质的知识是那样微乎其微,愚钝不堪。这已经由一种漫不经心的态度所证明了;我们正是凭着这种漫不经心而肆意沉湎于对这个基本词语的使用。对于真理这个词,人们通常是指这个真理和那个真理,它意味着:某种真实的东西。这类东西据说是在某个命题中被表达出来的知识。可是,我们不光称一个命题是真的,我们也把一件东西叫做真的,譬如,与假金相区别的真金。在这里,"真的"(wahr)意指与真正的、实在的黄金一样多。而在此关于"实在之物"(das Wirkliche)的谈论意指什么呢?在我们看来,"实在之物"就是在真理中的存在者。[①]真实就是与实在相符;而实在就是处于真理之中。这一循环又闭合了。

[①] 此处"在真理中的存在者"原文为das in Wahrheit Seiende,或可译为"实际存在着的东西"。——译注

何谓"在真理之中"呢？真理是真实之本质。我们说"本质"，我们想的是什么呢？"本质"通常被看作是所有真实之物所共同拥有的特征。本质出现在类概念和普遍概念中，类概念和普遍概念表象出一个对杂多同样有效的"一"（das Eine）。但是，这种同样有效的本质（在essentia〔本质〕意义上的本质性）却不过是非本质性的本质。那么，某物的本质性的本质何在？大概它只在于在真理中的存在者的所是之中。一件东西的真正本质由它的真实存在所决定，由每个存在者的真理所决定。可是，我们现在要寻找的并不是本质的真理，而是真理的本质。这因此表现为一种荒谬的纠缠。这种纠缠仅只是一种奇怪现象吗？甚或，它只是概念游戏的空洞的诡辩？或者——竟是一个深渊么？

真理意指真实之本质。我们要通过回忆一个希腊词语来思这一点。ἀλήθεια〔无蔽〕意味着存在者之无蔽状态。但这就是一种对真理之本质的规定吗？我们难道不是仅只做了一种词语用法的改变，也即用无蔽代替真理，以此标明一件实事吗？当然，只要我们不知道究竟必定发生了什么，才能迫使真理之本质必得在"无蔽"一词中道出，那么，我们确实只是变换了一个名称而已。

为此需要革新希腊哲学吗？绝对不是的。哪怕这种不可能的革新竟成为可能，对我们也毫无助益；因为自其发端之日起，希腊哲学隐蔽的历史就没有保持与ἀλήθεια

[无蔽]一词中赫然闪现的真理之本质相一致，同时不得不把关于真理之本质的知识和道说越来越置入对真理的一个派生本质的探讨中。作为 ἀλήθεια[无蔽]的真理之本质在希腊思想中未曾得到思考，在后继时代的哲学中就更是理所当然地不受理会了。对思想而言，无蔽乃希腊式此在中遮蔽最深的东西，但同时也是早就开始规定着一切在场者之在场的东西。

但为什么我们就不能停留在千百年来我们已十分熟悉的真理之本质那里就算了呢？长期以来，一直到今天，真理便意味着知识与事实的符合一致。然而，要使认识以及构成并且表达知识的命题能够符合于事实，以便因此使事实事先能约束命题，事实本身却还必须显示出自身来。而要是事实本身不能出于遮蔽状态，要是事实本身并没有处于无蔽领域之中，它又如何能显示自身呢？命题之为真，乃是由于命题符合于无蔽之物，亦即与真实相一致。命题的真理始终是正确性（Richtigkeit），而且始终仅仅是正确性。自笛卡儿以降，真理的批判性概念都是以作为确定性（Gewißheit）的真理为出发点的，但这也只不过是那种把真理规定为正确性的真理概念的变形。我们对这种真理的本质十分熟悉，它亦即表象（Vorstellen）的正确性，完全与作为存在者之无蔽状态的真理一起沉浮。

如果我们在这里和在别处把真理把握为无蔽，我们并非仅仅是在对古希腊词语更准确的翻译中寻找避难之所。我们实际上是在思索流行的,因而也被滥用的那个在正确性意义上的真理之本质的基础是什么;这种真理的本质是未曾被经验和未曾被思考过的东西。偶尔我们只得承认,为了证明和理解某个陈述的正确性(即真理),我们自然要追溯到已经显而易见的东西那里。这种前提实在是无法避免的。只要我们这样来谈论和相信,那么,我们就始终只是把真理理解为正确性,它却还需要一个前提,而这个前提就是我们自己刚才所做的——天知道如何又是为何。

但是,并不是我们把存在者之无蔽状态设为前提,而是存在者之无蔽状态(即存在①)把我们置入这样一种本质之中,以至于我们在我们的表象中总是已经被投入无蔽状态之中并且与这种无蔽状态亦步亦趋。不仅知识自身所指向的东西必须已经以某种方式是无蔽的,而且这一"指向某物"(Sichrichten nach etwas)的活动发生于其中的整个领域,以及同样地一种命题与事实的符合对之而公开化的那个东西,也必须已经作为整体发生于无蔽之中了。②倘若不是存在者之无蔽状态已经把我们置入一种光亮领

---

① 1960年雷克拉姆版:亦即本有(Ereignis)。——作者边注
② 此句中的"指向某物"(Sichrichten nach etwas)也可译为"与某物符合一致",与"正确性"(Richtigkeit)有着字面的和意义的联系。——译注

域①，而一切存在者就在这种光亮中站立起来，又从这种光亮那里撤回自身，那么，我们凭我们所有正确的观念，就可能一事无成，我们甚至也不能先行假定，我们所指向的东西已经显而易见了。

然而这是怎么回事呢？真理作为这种无蔽状态是如何发生的呢？这里我们首先必须更清晰地说明这种无蔽状态究竟是什么。

物存在，人存在；礼物和祭品存在；动物和植物存在；器具和作品存在。存在者处于存在之中。一种注定在神性与反神性之间的被掩蔽的厄运贯通着存在。存在者的许多东西并非人所能掌握的，只有少量为人所认识。所认识的也始终是一个大概，所掌握的也始终不可靠。一如存在者太易于显现出来，它从来就不是我们的制作，更不是我们的表象。要是我们思考一个统一的整体，那么，看来好像我们就把握了一切存在者，尽管只是粗糙有余的把握。

然而，超出存在者之外，但不是离开存在者，而是在存在者之前，在那里还发生着另一回事情。②在存在者整体中间有一个敞开的处所。一种澄明（Lichtung）在焉。从存在者方面来思考，此种澄明比存在者更具存在者特

---

① 1960年雷克拉姆版：倘若澄明不发生，亦即没有本有之发生（Ereignen）。——作者边注

② 1957年第三版：本有（Ereignis）。——作者边注

性。因此，这个敞开的中心并非由存在者包围着，而不如说，这个光亮中心本身就像我们所不认识的无（Nichts）一样，围绕一切存在者而运行。

唯当存在者进入和出离这种澄明的光亮领域之际，存在者才能作为存在者而存在。唯有这种澄明才允诺并且保证我们人通达非人的存在者，走向我们本身所是的存在者。由于这种澄明，存在者才在确定的和不确定的程度上是无蔽的。就连存在者的遮蔽也只有在光亮的区间内才有可能。我们遇到的每一存在者都遵从在场的这种异乎寻常的对立，因为存在者同时总是把自己抑制在一种遮蔽状态中。存在者进入其中的澄明，同时也是一种遮蔽。但遮蔽以双重方式在存在者中间起着决定作用。

要是我们关于存在者还只能说"它存在"，那么，存在者就拒绝我们，直至那个"一"和我们最容易切中的看起来最微不足道的东西。作为拒绝的遮蔽不只是知识的一向的界限，而是光亮领域之澄明的开端。但遮蔽也同时存在于光亮领域之中，当然是以另一种方式。存在者蜂拥而动，彼此遮盖，相互掩饰，少量隔阻大量，个别掩盖全体。在这里，遮蔽并非简单的拒绝，而是：存在者虽然显现出来，但它显现的不是自身而是它物。

这种遮蔽是一种伪装（Verstellen）。倘若存在者并不伪装存在者，我们又怎么会在存在者那里看错和搞错，我们又怎么会误入歧途，晕头转向，尤其是如此狂妄自大呢？存在者能够以假象迷惑，这就决定了我们会有差错误会，而非相反。

遮蔽可能是一种拒绝，或者只不过是一种伪装。遮蔽究竟是拒绝呢，抑或伪装，对此我们简直无从确定。遮蔽遮蔽着自身，伪装着自身。这就是说：存在者中间的敞开的处所，也就是澄明，绝非一个永远拉开帷幕的固定舞台，好让存在者在这个舞台上演它的好戏。恰恰相反，澄明唯作为这种双重的遮蔽才发生出来。存在者之无蔽从来不是一种纯然现存的状态，而是一种生发（Geschehnis）[①]。无蔽状态（即真理）既非存在者意义上的事物的一个特征，也不是命题的一个特征。

我们相信我们在存在者的切近的周围中是游刃有余的。存在者是熟悉的、可靠的、亲切的。可是，具有拒绝和伪装双重形式的持久的遮蔽仍然穿过澄明。亲切根本上并不亲切，而倒是阴森森的（un-geheuer）。真理的本质，亦即无蔽，是由一种否定而得到彻底贯彻的。但这种否定并非匮乏和缺憾，仿佛真理是摆脱了所有遮蔽之物的纯粹无蔽似的；倘若果真能如此，那么真理就不再是真理本身了。这种以双重遮蔽方式的否定属于作为无蔽的真理之本质。真理在本质上即是非真理（Un-Wahrheit）。为了以一种也许令人吃惊的尖刻来说明，我们可以说，这种以遮蔽

[①] 1950年第一版：本有（Ereignis）。——作者边注

方式的否定属于作为澄明的无蔽。相反，真理的本质就是非真理。但这个命题却不能说成：真理根本上是谬误。同样地，这个命题的意思也不是说：真理从来不是它自身，辩证地看，真理也总是其对立面。

只要遮蔽着的否定（Verweigern）作为拒绝（Versagen）首先把永久的渊源归于一切澄明，而作为伪装的否定却把难以取消的严重迷误归于一切澄明，那么，真理就作为它本身而成其本质。就真理的本质来说，那种在真理之本质中处于澄明与遮蔽之间的对抗，可以用遮蔽着的否定来称呼它。这是源始的争执的对立。就其本身而言，真理之本质即是源始争执（Urstreit）①，那个敞开的中心就是在这一源始争执中被争得的；而存在者站到这个敞开中心中去，或离开这个中心，把自身置回到自身中去。

这种敞开领域（das Offene）发生于存在者中间。它展示了一个我们已经提到过的本质特征。世界和大地属于敞开领域，但是世界并非直接就是与澄明相应的敞开领域，大地也不是与遮蔽相应的锁闭。而毋宁说，世界是所有决断与之相顺应的基本指引的道路的澄明。但任何决断都是以某个没有掌握的、遮蔽的、迷乱的东西为基础的；否则它就绝不是决断。大地并非直接就是锁闭，而是作为

---

① 1960年雷克拉姆版：本有。——作者边注

自行锁闭者而展开出来的。按其自身各自的本质而言，世界与大地总是有争执的，是好争执的。唯有这样的世界和大地才能进入澄明与遮蔽的争执之中。

只要真理作为澄明与遮蔽的源始争执而发生，大地就一味地通过世界而凸现，世界就一味地建基于大地中。但真理如何发生呢？我们回答说：[①]真理以几种根本性的方式发生。真理发生的方式之一就是作品的作品存在。作品建立着世界并且置造着大地，作品因之是这种争执的实现过程，在这种争执中，存在者整体之无蔽状态亦即真理被争得了。

在神庙的矗立中发生着真理。这并不是说，在这里某种东西被正确地表现和描绘出来了，而是说，存在者整体被带入无蔽状态并且保持于无蔽状态之中。保持原本就意味着守护。[②]在凡·高的油画中发生着真理。这并不是说，在此画中某种现存之物被正确地临摹出来了，而是说，在鞋具的器具存在的敞开中，存在者整体，亦即在冲突中的世界和大地，进入无蔽状态之中。

在作品中发挥作用的是真理，而不只是一种真实。刻画农鞋的油画，描写罗马喷泉的诗作，不光是显示——

---

① 1960年雷克拉姆版：没有答案，因为问题依然：这是什么，什么以这些方式发生？——作者边注

② 海德格尔显然在此强调德文"保持"（halten）与"守护"（hüten）的词源联系。——译注

如果它们总是有所显示的话——这种个别存在者是什么，而是使得无蔽状态本身在与存在者整体的关涉中发生出来。[1]鞋具愈单朴、愈根本地在其本质中出现，喷泉愈不假修饰、愈纯粹地以其本质出现，伴随它们的所有存在者就愈直接、愈有力地变得更具有存在者特性。于是，自行遮蔽着的存在便被澄亮了。如此这般形成的光亮，把它的闪耀嵌入作品之中。这种被嵌入作品之中的闪耀（Scheinen）就是美。美是作为无蔽的真理的一种现身方式。[2]

现在，虽然我们从几个方面对真理之本质有了较为清晰的把握，因而对在作品中在起作用的东西该是比较清楚了，但是，眼下显然可见的作品之作品存在依然还没有告诉我们任何关于作品的最切近、最突出的现实性和作品中的物因素。甚至看来几乎是，在我们追求尽可能纯粹地把握作品自身的自立时，我们完全忽略了一件事情，即作品始终是作品——宁可说是一个被创造的东西。如果说有某某东西能把作品之为作品显突出来的话，那么，它只能是作品的被创作存在（Geschaffensein）。因为作品是被创作的，而创作需要一种它借以创造的媒介物，那种物因素也就进入了作品之中。这是无可争辩的。不过，悬而未决的

---

[1] 1960年雷克拉姆版：本有（Ereignis）。——作者边注

[2] 德语原文为：Schönheit ist eine Weise, wie Wahrheit als Unverborgenheit west.——译注

44　问题还是：被创作存在如何属于作品？对此问题的澄清要求弄清下面两点：

一、在此何谓区别于制造和被制造存在的被创作存在和创作呢？

二、唯从作品本身的最内在本质出发，才能确定被创作存在如何属于作品以及它在多大程度上决定了作品的作品存在。作品的最这种内在本质是什么呢？

在这里，创作始终被认为是关涉于作品的。作品的本质就包含着真理的发生。我们自始就从它与作为存在者之无蔽状态的真理的本质的关系出发，来规定创作的本质。被创作存在之属于作品，只有在一种更其源始的对真理之本质的澄清中才能得到揭示。这就又回到了对真理及其本质的追问上来了。

倘若"在作品中真理起着作用"这一命题不该是一个纯粹的论断的话，那么，我们就必须再次予以追问。

于是，我们现在必须更彻底地发问：一种与诸如某个作品之类的东西的牵连，如何处于真理之本质中？为了能成为真理，那种能够被设置入作品中的真理，或者在一定条件下甚至必须被设置入作品中的真理，到底具有何种本质呢？而我们曾把"真理之设置入作品"规定为艺术的本质。因此，最终提出的问题就是：

什么是能够作为艺术而发生，甚或必须作为艺术而发生的真理？何以有艺术呢？①

真理与艺术

艺术作品和艺术家的本源是艺术。本源即是存在者之存在现身于其中的本质来源。什么是艺术？我们在现实的作品中寻找艺术之本质。作品之现实性是由在作品中发挥作用的东西，即真理的发生，来规定的。此种真理之生发，我们思之为世界与大地之间的争执的实现。在这种争执的被聚合起来的动荡不安（Bewegnis）中有宁静。作品的自持就建基于此。

真理之生发在作品中发挥作用。但这样发挥作用的东西却在作品中。因而在这里就已经先行把现实的作品设定为那种发生的载体。对现存作品的物因素的追问又迫在眉睫了。于是，下面这一点终于清楚了：无论我们多么热诚地追问作品的自立，只要我们还没有领会艺术作品是一个制成品，我们就找不到它的现实性。其实这种看法是最切近而明显的；因为在"作品"一词中我们就听出制成品的意思。作品的作品因素，就在于它由艺术家所赋予的被创

---

① 这里加着重号的"有"（es gibt）的含义比较特别，含"给出""呈现"之意。——译注

作存在之中。我们直到现在才提到这个最显而易见而又说明一切的对作品的规定，看来可能是令人奇怪的。

然而，作品的被创作存在显然只有根据创作过程才可能得到把握。因此，在这个事实的强迫下，我们就不得不懂得去深入领会艺术家的活动，才能切中艺术作品的本源。纯粹根据作品本身来规定作品的作品存在[①]，这种尝试业已证明是行不通的。

如果我们现在撇开作品不管，而去追踪创作的本质，那么，我们无非是想坚持我们起初关于农鞋的油画，继之关于希腊神庙所说出的看法。

我们把创作思为一种生产（Hervorbingen）。但器具的制作也是一种生产。手工艺却无疑并不创作作品——这是一个奇特的语言游戏；[②] 哪怕我们有必要把手工艺产品和工厂制品区别开来，手工艺也没有创作作品。但是，创作的生产又如何与制作方式的生产区别开来呢？按照字面，我们是多么轻而易举地区分作品创作与器具制作，而要按照它们各自的基本特征探究生产的两种方式，又是多么举步维艰。依最切近的印象，我们在陶匠和雕塑家的活动中，在木工和画家的活动中，发现了相同的行为。作品

[①] 1960年雷克拉姆版：什么叫"作品存在"？多义。——作者边注

[②] 在德文中，"手工艺"（das Handwerk）一词由"手"（Hand）和"作品"（Werk）合成，而"手工艺"实际上并不创作"作品"——是为"语言游戏"。——译注

创作本身需要手工艺行动。伟大的艺术家最为推崇手工艺才能了。他们首先要求出于娴技熟巧的细心照料的才能。最重要的是，他们努力追求手工艺中那种永葆青春的训练有素。人们已经充分看到，对艺术作品有良好领悟的希腊人用同一个词τέχνη［技艺］来表示技艺和艺术，并且用同一个名称τεχνίτης［艺人］来称呼手工技艺家和艺术家。

因此，看来最好是从创作的手工技艺方面来确定创作的本质。但上面提到的希腊人的语言用法以及它们对事情的经验却迫使我们深思。不管我们多么普遍、多么清楚地指出希腊人常用相同的词τέχνη来称呼技艺和艺术，这种指示依然是肤浅的和失之偏颇的；因为τέχνη并非指技艺也非指艺术，也不是指我们今天所谓的技术，根本上，它从来不是指某种实践活动。

希腊文的τέχνη这个词毋宁说是知道（Wissen）的一种方式。知道意味着：已经看到（gesehen haben），而这是在"看"的广义上说的，意思就是：对在场者之为这样一个在场者的觉知（vernehmen）。对希腊思想来说，知道的本质在于ἀλήθεια［无蔽］，亦即存在者之解蔽。它承担和引导任何对存在者的行为。由于知道使在场者之为这样一个在场者出于遮蔽状态，而特地把它带入其外观（Aussehen）的无蔽状态中，因此，τέχνη［技艺］作为希腊人所经验的知道就是存在者之生产；τέχνη从来不是指制作活动。

艺术家之为一个 τεχνίτης［艺人］，并非因为他也是一个工匠，而是因为，无论是作品的置造（Her-stellen），还是器具的置造，都是在生产（Her-vor-bringen）中发生的，这种生产自始就使得存在者以其外观而出现于其在场中。但这一切都发生在自然而然地展开的存在者中间，也即是在 φύσις［涌现、自然］中间发生的。把艺术称为 τέχνη［技艺］，这绝不是说对艺术家的活动应从手工技艺方面来了解。在作品制作中看来好像手工制作的东西却有着不同的特性。艺术家的活动由创作之本质来决定和完成，并且也始终被扣留在创作之本质中。

如果不能以手工艺为引线去思考创作的本质，那么，我们应当依什么线索去思考创作的本质呢？莫非除了根据那被创作的东西即作品外，还有别的办法吗？尽管作品首先是在创作之实行中才成为现实的，因而就其现实性来说取决于创作，但创作的本质却是由作品的本质来规定的。尽管作品的被创作存在与创作相关联，但被创作存在和创作都得根据作品的作品存在来规定。现在，为什么我们起初只是讨论作品，直到最后才来考察被创作存在，也就不会令人奇怪了。如果说被创作存在本质上属于作品，正如从"作品"一词中即可听出被创作存在，那么，我们就必须努力进一步更本质性地去领会迄今为止可以被规定为作品的作品存在的东西。

根据我们已获得的对作品的本质界定，在作品中真理之生发起着作用；由于这种考虑，我们就可以把创作规定为：让某物出现于被生产者之中（das Hervorgehenlassen in ein Hervorgebrachtes）。作品之成为作品，是真理之生成和发生的一种方式。一切全然在于真理的本质中。但什么是真理？什么是必定在这样一种被创作的东西中发生的真理呢？真理何以出于其本质的基础而牵连于一作品？我们能从上面所揭示的真理之本质来理解这一点吗？

真理是非真理，因为在遮蔽意义上的尚未被解蔽的东西的渊源范围就属于真理。在作为真理的非-遮蔽中，同时活动着另一个双重禁阻（Verwehren）的"非"[①]。真理之为真理，现身于澄明与双重遮蔽的对立中。真理是源始争执，在其中，敞开领域一向以某种方式被争得了，于是，显示自身和退隐自身的一切存在者进入敞开领域之中或离开敞开领域而固守自身。无论何时何地发生这种争执，争执者，即澄明与遮蔽，都由此而分道扬镳。这样就争得了争执领地的敞开领域。这种敞开领域的敞开性也即真理；当且仅当真理把自身设立在它的敞开领域中，真理才是它所是，亦即是这种敞开性。因此，在这种敞开领域中始终必定有存在者存在，好让敞开性获得栖身之所和坚定性。由于敞开性占据着敞开领域，因此敞开性开放并且

---

① 这个"非"，即"无蔽"（Un-verborgenheit，非-遮蔽）中的"非"（Un-），应作动词解。——译注

维持着敞开领域。在这里,设置和占据都是从 θέσις［置立］的希腊意义出发得到思考的,后者意谓:在无蔽领域中的一种建立(Aufstellen)。

由于指出敞开性自行设立于敞开领域之中,[①] 思想就触及了一个我们在此还不能予以说明的区域。所要指出的只是,如果存在者之无蔽状态的本质以某种方式属于存在本身(参看拙著《存在与时间》,第44节),那么,存在就从其本质而来让敞开性之领地亦即此之澄明(Lichtung des Da)得以出现,并引导这个领地成为任何存在者以各自方式展开于其中的领地。

真理之发生无非是它在通过它本身而公开自身的争执和领地中设立自身。由于真理是澄明与遮蔽的对抗,因此真理包涵着此处所谓的设立(Einrichtung)。但是,真理并非事先在某个不可预料之处自在地现存着,然后再在某个地方把自身安置在存在者中的东西。这是绝无可能的,因为是存在者的敞开性才提供出某个地方的可能性和一个充满在场者的场所的可能性。敞开性之澄明和在敞开中的设立是共属一体的。它们是真理之发生的同一个本质。真理之发生以其形形色色的方式是历史性的。

真理把自身设立于由它开启出来的存在者之中,一种

---

① 1960年雷克拉姆版:此处"存在学差异",参看《同一与差异》,第37页以下。——作者边注

根本性方式就是真理的自行设置入作品。真理现身运作的另一种方式是建立国家的活动。真理获得闪耀的又一种方式是邻近于那种并非某个存在者而是存在者中最具存在特性的东西。真理设立自身的再一种方式是本质性的牺牲。真理生成的又一种方式是思想者的追问，这种作为存在之思的追问命名着大可追问的存在。相反，科学却绝不是真理的源始发生，科学无非是一个已经敞开的真理领域的扩建，而且是通过把握和论证在此领域内显现为可能和必然的正确之物来扩建的。① 当且仅当科学超出正确性之外而达到一种真理，也即达到对存在者之为存在者的彻底揭示，它便成为哲学了。

因为真理的本质在于把自身设立于存在者之中从而才成其为真理，所以，在真理之本质中就包含着那种与作品的牵连（Zug zum Werk），后者乃是真理本身得以在存在者中间存在的一种突出可能性。

真理之进入作品的设立是这样一个存在者的生产，这个存在者先前还不曾在，此后也不再重复。生产过程把这种存在者如此这般地置入敞开领域之中，从而被生产的东西才照亮了它出现于其中的敞开领域的敞开性。当生产过程特地带来存在者之敞开性亦即真理之际，被生产者就是

---

① 海德格尔在这里罗列了真理发生的几种源始方式：艺术、建国、牺牲（宗教）和思想等；科学则不是真理的源始的发生方式，而是一种"扩建"（Ausbau），是对已经敞开的领域的"扩建"。——译注

一件作品。这种生产就是创作。作为这种带来，创作毋宁说是在与无蔽状态之关联范围内的一种接收和获取。[①]那么，被创作存在何在呢？我们可以用两个本质性的规定来加以说明。

真理把自身设立在作品中。真理唯独作为在世界与大地的对抗中的澄明与遮蔽之间的争执而现身。真理作为这种世界与大地的争执被置入作品中。这种争执不会在一个特地被生产出来的存在者中被解除，也不会单纯地得到安顿，而是由于这个存在者而被开启出来的。因此，这个存在者自身必具备争执的本质特性。在争执中，世界与大地的统一性被争得了。由于一个世界开启出来，世界就对一个历史性的人类提出胜利与失败、祝祷与亵渎、主宰与奴役的决断。涌现着的世界使得尚未决断的东西和无度的东西显露出来，从而开启出尺度和决断的隐蔽的必然性。

另一方面，当一个世界开启出来，大地也耸然突现。大地显示自身为万物的载体，入于其法则中被庇护和持久地自行锁闭着的东西。世界要求它的决断和尺度，并让存在者进入它的道路的敞开领域之中。大地力求承载着-凸现着保持自行锁闭，并且力求把万物交付给它的法则。争

[①] 此处译为"生产"的德语Her-vor-bringen含义较广，不是技术制造；其字面含义为"带出来"。故海德格尔说作为"生产"的创作是一种"带来"（Bringen）。——译注

执并非作为一纯然裂缝之撕裂的裂隙（Riß），而是争执者相互归属的亲密性。这种裂隙把对抗者一道撕扯到它们出自统一基础的统一体的渊源之中。争执之裂隙乃是基本图样，是描绘存在者之澄明的涌现的基本特征的剖面图。这种裂隙并不是让对抗者相互破裂开来，它把尺度和界限的对抗带入共同的轮廓之中。①

只有当争执在一个有待生产的存在者中被开启出来，亦即这种存在者本身被带入裂隙之中，作为争执的真理才得以设立于这种存在者中。裂隙乃是剖面图和基本图样、裂口和轮廓的统一牵连（Gezüge）。真理在存在者中设立自身，而且这样一来，存在者本身就占据了真理的敞开领域。但是，唯当那被生产者即裂隙把自身交付给在敞开领域中凸现的自行锁闭者，这种占据才能发生。这裂隙必须把自身置回到石头吸引的沉重，木头缄默的坚固，色彩幽深的热烈之中。大地把裂隙收回到自身之中，裂隙于是才进入敞开领域而被制造，从而被置入亦即设置入那作为自行锁闭者和保护者进入敞开领域而凸现的东西中。

争执被带入裂隙之中，因而被置回到大地之中并且被固定起来，这种争执乃是形态（Gestalt）。作品的被创

---

① 此处Riß一词有"裂隙、裂口、平面图、图样"等意思，我们译之为"裂隙"；此处出现的Grundriß、Aufriß、Umriß等均以Riß为词干，几不可译解。我们权译Grundriß为"基本图样"，译Aufriß为"剖面"，译Umriß为"轮廓"。——译注

作存在意味着：真理之被固定于形态中。形态乃是构造（Gefüge），裂隙就作为这个构造而自行嵌合。被嵌合的裂隙乃是真理之闪耀的嵌合（Fuge）。这里所谓的形态，始终必须根据那种摆置（Stellen）和集置（Ge-stell）来理解；作品作为这种摆置和集置而现身，因为作品建立自身和置造自身。①

在作品创作中，作为裂隙的争执必定被置回到大地中，而大地本身必定作为自行锁闭者被生产和使用。不过，这种使用并不是把大地当作一种材料加以消耗甚或肆意滥用，而倒是把大地解放出来，使之成为大地本身。这种对大地的使用是乃对大地的劳作，虽然看起来这种劳作如同工匠利用材料，因而给人这样一种假象，似乎作品创作也是手工技艺活动。其实绝非如此。作品创作始终是在真理固定于形态中的同时对大地的一种使用。与之相反，器具的制作却绝非直接是对真理之发生的获取。当质料被做成器具形状以备使用时，器具的生产就完成了。器具的完成意味着器具已经超出了它本身，并将在有用性中消耗殆尽。

---

① 此处"集置"（Ge-stell）是后期海德格尔思想的一个基本词语，在日常德语中有 Gestell（框架）一词。海德格尔把技术的本质思为"集置"，意指技术通过各种"摆置"（stellen）活动，如表象（vorstellen）、置造（herstellen）、订造（bestellen）、伪造（verstellen）等，对人类产生着一种不无神秘的控制和支配力量。——译注

作品的被创作存在却并非如此。这一点从我们下面就要谈到的第二个特点来看，就一目了然了。

器具的完成状态与作品的被创作存在有一点是相同的，那就是它们都构成了一种被生产存在。但与其他一切生产不同，作品的被创作存在的特殊性在于：它是一道被带入被创作品中而被创作出来的。可是，难道所有生产品以及无论何种形成品不都这样吗？任何一个生产品，如果向来是某个东西，肯定会被赋予一种被生产存在。确实如此。不过在作品中，被创作存在是特别地被带入创作品中而创作出来的，以至于它专门从创作品中，也即从如此这般的生产品中突现出来。如若情形如此，那我们也就必然能够特别地在作品中经验这种被创作存在。

从作品中浮现出来的被创作存在并不意味着，根据作品就可以发现它出自某个艺术大师之手。创作品不可作为某位高手的成就来证明，其完成者也不能因此被提升到公共声望中去。要公布出来的并不是姓名不详的作者，而不如说，这个单纯的"factum est"[存在事实]要在作品中被带入敞开领域之中；也就是说，存在者之无蔽状态在此发生了，而且是首先作为这种发生事件而发生的；也就是说，这样的作品存在着，而不是不存在。作品作为这种作品而存在所造成的冲击，以及这种毫不显眼的冲力的连续性，构成了作品的自持的稳固性。在艺术家以及作品形成的过程和条件都尚不为人知的时候，这种冲力，被创作存在的这个"如此"(Daß)[①],就最纯粹地从作品中出现了。

诚然,每一件可供支配的、处于使用中的器具也包含着它被制作出来这一"如此"。但这一"如此"在器具那里并没有凸现出来,它消失于有用性中了。一件器具越是凑手,它的"如此"就越是不引人注目(例如,一把榔头就是如此),器具就越是独一地保持在其器具存在中。一般说来,我们在每个现成事物中都能发现它存在的事实;但即便注意到这一点,也很快就以惯常的方式忘掉了。不过,还有什么比存在者存在这回事情更为寻常的呢?与之相反,在作品中,它作为这样一个作品而存在,这是非同寻常的事情。它的被创作存在这一发生事件(Ereignis)并没有简单地在作品中得到反映;而不如说,作品作为这样一件作品而存在,这一事件把作品在自身面前投射出来,并且已经不断地在自身周围投射了作品。作品越是本质性地开启自身,那种唯一性,即它存在而不是不存在这一如此实情的唯一性,也就越是显赫明朗。这种冲力越是本质性地进入敞开领域中,作品也就变得越是令人意外,越是孤独。在作品的生产中,包含着这样一种对"如此存在"(daß es sei)的呈献。

对作品的被创作存在的追问应把我们带到了作品的

[①] 此处Daß在德语中是从句引导词daß(相当于英文的that)的大写。daß独立用为名词的Daß,实难以译成中文。我们权译之为"如此"或"如此实情"。——译注

作品因素以及作品的现实性的近处。被创作存在显示自身为：通过裂隙进入形态的争执之被固定存在。在这里，被创作存在本身以特有的方式被寓于作品中，而作为那个"如此"的无声的冲力进入敞开领域中。但作品的现实性并非仅仅限于被创作存在。不过，正是对作品的被创作存在的本质的考察，使得我们现在有可能迈出一步，去达到我们前面所道出的一切的目标。

作品愈是孤独地被固定于形态中而立足于自身，愈纯粹地显得解脱了与人的所有关联，那么，冲力，这种作品存在着的这个"如此"，也就愈单朴地进入敞开领域之中，阴森惊人的东西就愈加本质性地被冲开，而以往显得亲切的东西就愈加本质性地被冲翻。然而，这形形色色的冲撞却不具有什么暴力的意味；因为作品本身愈是纯粹进入存在者由它自身开启出来的敞开性中，作品就愈容易把我们移入这种敞开性中，并同时把我们移出寻常平庸。服从于这种移挪过程意味着：改变我们与世界和大地的关联，然后抑制我们的一般流行的行为和评价，认识和观看，以便逗留于在作品中发生的真理那里。唯有这种逗留的抑制状态才让被创作的东西成为所是之作品。这种"让作品成为作品"，我们称之为作品之保存①。唯有这种保存，作品在其被创作存在中才表现为现实的，现在来说也即：以作品

---

① 德语原文为Bewahrung，或可译为"保藏"。——译注

方式在场着的。

要是作品没有被创作便无法存在，因而本质上需要创作者，同样地，要是没有保存者，被创作的东西也将不能存在。

然而，如果作品没有寻找保存者，没有直接寻找保存者从而使保存者应合于在作品中发生着的真理，那么，这并不意味着，没有保存者作品也能成为作品。只要作品是一件作品，它就总是与保存者相关涉，甚至在（也正是在）它只是等待保存者，恳求和期冀它们进入其真理之中的时候。甚至作品可能碰到的被遗忘状态也不是一无所有；它仍然是一种保存。它乞灵于作品。作品之保存意味着：置身于在作品中发生的存在者之敞开性中。可是，保存的这种"置身于其中"（Inständigkeit）乃是一种知道（Wissen）。知道却并不在于对某物的单纯认识和表象。谁真正地知道存在者，他也就知道他在存在者中间意愿什么。

这里所谓的意愿（Wollen）既非仅仅运用一种知道，也并不事先决定一种知道；它是根据《存在与时间》的基本思想经验而被思考的。保持着意愿的知道和保持着知道的意愿，乃是实存着的人类绽出地进入存在之无蔽状态之中。在《存在与时间》中思考的决心（Ent-schlossenheit）并不是一个主体的深思的行动，而是此在摆脱存在者的困囿向着存在之敞开性的开启。然而，在实存（Existenz）

中，人并非出于一内在而到达一外在，而不如说，实存之本质乃是悬欠着（ausstehend）置身于存在者之澄明的本质性分离中。在先已说明的创作中也好，在现在所谓的意愿中也好，我们都没有设想一个以自身为目的来争取的主体的活动和行为。

意愿乃是实存着的自我超越的冷静的决心，这种自我超越委身于那种被设置入作品中的存在者之敞开性。这样，那种"置身于其中"也被带入法则之中。作品之保存作为知道，乃是冷静地置身于在作品中发生着的真理的阴森惊人的东西中。

这种知道作为意愿在作品之真理中找到了自己的家园，并且只有这样，它才是一种知道；它没有剥夺作品的自立性，并没有把作品强行拉入纯然体验的领域，并不把作品贬低为一个体验的激发者的角色。作品之保存并不是把人孤立于其私人体验，而是把人推入与在作品中发生着的真理的归属关系之中，从而把相互共同存在确立为出自与无蔽状态之关联的此之在（Da-sein）的历史性悬欠（Ausstehen）。再者，在保存意义上的知道与那种鉴赏家对作品的形式、品质和魅力的鉴赏力相去甚远。作为已经看到，知道乃是一种决心，是置身于那种已经被作品嵌入裂隙的争执中去。

作品本身，也只有作品本身，才能赋予和先行确定作品的适宜的保存方式。保存发生在不同等级的知道中，这种知道具有各各不同的作用范围、稳固性和清晰度。如若作品仅仅被提供给艺术享受，这也还没有证明作品之为作品处于保存中。

一旦那种进入阴森惊人的东西中的冲力在流行和鉴赏中被截获了，则艺术行业就开始围着作品团团转了。就连作品的小心谨慎的流传，力求重新获得作品的科学探讨，都不再达到作品自身的存在，而仅只是一种对它的回忆而已。但这种回忆也能给作品提供一席之地，从中构成作品的历史。相反，作品最本己的现实性，只有当作品在通过它自身而发生的真理中得到保存之际才起作用。

作品的现实性的基本特征是由作品存在的本质来规定的。现在我们可以重新捡起我们的主导问题了：那个保证作品的直接现实性的作品之物因素的情形究竟如何呢？情形是，我们现在不再追问作品的物因素的问题了；因为只要我们作那种追问，我们即刻而且事先就确定无疑地把作品当作一个现存对象了。以此方式，我们从未能从作品出发来追问，而是从我们出发来追问。而这个作为出发点的我们并没有让作品作为一个作品而存在，而是把作品看成能够在我们心灵中引发此种或彼种状态的对象。

然而，在被当作对象的作品中，那个看来像是流行的物的概念意义上的物因素的东西，从作品方面来了解，实际上就是作品的大地因素（das Erdhafte）。大地进入作品而凸现，因为作品作为其中有真理起作用的作品而现身；

而且因为真理唯有通过把自身设立在某个存在者之中才得以现身。但是,在本质上自行锁闭的大地那里,敞开领域的敞开性得到了它最大的抵抗,并因此获得它永久的立足之所,而形态必然被固定于其中。

那么,我们对物之物因素的追问竟是多余的吗?绝对不是的。作品因素固然不能根据物因素来得到规定,但对作品之作品因素的认识,却可能把我们对物之物因素的追问引入正轨。这并非无关紧要,只要我们回想一下那些自古以来流行的思维方式如何扰乱物之物因素,如何使一种对存在者整体的解释达到统治地位,就会明白这一点的。这种对存在者整体的解释使我们对真理的源始本质茫然无知,同样也无能于对器具和作品的本质的把握。

为了规定物之物性,无论是对特性之载体的考察,还是对在其统一性中的感性被给予物的多样性的考察,甚至那种对自为地被表象出来的、从器具因素中获知的质料-形式结构的考察,都是无济于事的。对于物之物因素的解释来说,一种正确而有分量的洞察必须直面物对大地的归属性。大地的本质就是它那无所迫促的承荷和自行锁闭,但大地仅仅是在耸然进入一个世界之际,在它与世界的对抗中,才自行揭示出来。大地与世界的争执在作品的形态中固定下来,并且通过这一形态才得以敞开出来。我们只有特别地通过作品才经验到器具之器具因素,这一点适用于器具，也适用于物之物因素。我们绝不能径直知道物因素，即使能知道，那也只是不确定地，也需要作品的帮助。这一点间接地证明了，在作品的作品存在中，真理之生发也即存在者之开启在起作用。

然而，如果作品无可争辩地把物因素置入敞开领域之中，那么，就作品方面来说，难道作品不是必须已经——而且在它被创作之前，并且为了这种被创作——被带入一种与大地中的万物的关联，与自然的关联之中了吗？这正是我们最后要回答的一个问题。阿尔布雷希特·丢勒[①]想必是知道这一点的，他说了如下著名的话："千真万确，艺术存在于自然中，因此谁能把它从中取出，谁就拥有了艺术"。在这里，"取出"意味着画出裂隙，用画笔在绘画板上把裂隙描绘出来。[②] 但是，我们同时要提出相反的问题：如果裂隙并没有作为裂隙，也就是说，如果裂隙并没有事先作为尺度与无度的争执而被创作的构思带入敞开领域之中，那么，裂隙何以能够被描绘出来呢？诚然，在自然中隐藏着裂隙、尺度、界限以及与此相联系的可能生产（Hervorbringen-können），亦即艺术。但同样确凿无疑的是，这种隐藏于自然中的艺术唯有通过作品才能显露出

---

① 阿尔布雷希特·丢勒（Albrecht Dürer，1471—1528）：德国宗教改革运动时期油画家、版画家和雕塑家。——译注

② 动词"取出"（reißen）与"裂隙"（Riß）有着字面的和意义的联系，含"勾画裂隙"之意。——译注

来，因为它源始地隐藏在作品之中。

对作品的现实性的这一番刻意寻求乃是要提供出一个基地，使得我们能够在现实作品中发现艺术和艺术之本质。关于艺术之本质的追问，认识艺术的道路，应当重新被置于某个基础之上。如同任何真正的回答，对于这个问题的回答只不过是一系列追问步骤的最后一步的最终结果。任何回答只要是植根于追问的回答，就始终能够保持回答的力量。

从作品的作品存在来看，作品的现实性不仅更加明晰，而且根本上也更加丰富了。保存者与创作者一样，同样本质性地属于作品的被创作存在。但作品使创作者的本质成为可能，作品由于其本质也需要保存者。如果说艺术是作品的本源，那就意味着：艺术使作品的本质上共属一体的东西，即创作者和保存者，源出于作品的本质。但艺术本身是什么呢？我们正当地称之为本源的艺术是什么呢？

真理之生发在作品中起作用，而且是以作品的方式起作用。因此，艺术的本质先行就被规定为真理之自行设置入作品。但我们自知，这一规定具有一种蓄意的模棱两可。它一方面说：艺术是自身建立的真理固定于形态中，这种固定是在作为存在者之无蔽状态的生产的创作中发生的。而另一方面，设置入作品也意味着：作品存在进入运动和进入发生中。这也就是保存。于是，艺术就是：对作品中的真理的创作性保存。因此，艺术就是真理的生成和发生。①那么，难道真理源出于无么？的确如此，如果这个无（das Nichts）意指的是对存在者的纯粹的不（das Nicht），而存在者则被看作是那个惯常的现存事物，后者进而通过作品的立身实存（das Dastehen）而显露为仅仅被设想为真的存在者，并且被作品的立身实存所撼动。从现存事物和惯常事物那里是从来看不到真理的。毋宁说，只有通过对在被抛状态（Geworfenheit）中到达的敞开性的筹划，敞开领域之开启和存在者之澄明才发生出来。

作为存在者之澄明和遮蔽，真理乃是通过②诗意创造而发生的。③凡艺术都是让存在者本身之真理到达而发生；一切艺术本质上都是诗（Dichtung）。艺术作品和艺术家都以艺术为基础；艺术之本质乃真理之自行设置入作品。由于艺术的诗意创造本质，艺术就在存在者中间打开了一方敞开之地，在此敞开之地的敞开性中，一切存在遂有迥然不同之仪态。凭借那种被置入作品中的、对自行向我们投射的存在者之无蔽状态的筹划（Entwurf），一切惯常之

---

① 此句德语原文为：Dann ist die Kunst ein Werden und Geschehen der Wahrheit.——译注
② 1960年雷克拉姆版："诗"的值得追问之处——作为道说之用（Brauch der Sage）。对澄明与诗的关系的描述不充分。——作者边注
③ 此处动词"诗意创造"（dichten），或可译为"作诗"。——译注

物和过往之物通过作品而成为非存在者（das Unseiende）。这种非存在者已经丧失了那种赋予并且保持作为尺度的存在的能力。在此令人奇怪的是，作品根本上不是通过因果关系对以往存在者发生影响的。作品的作用并不在于某种制造因果的活动，而在于存在者之无蔽状态（亦即存在[①]）的一种源于作品而发生的转变。

然而，诗并非对任意什么东西的异想天开的虚构，并非对非现实领域的单纯表象和幻想的悠荡飘浮。作为澄明着的筹划，诗在无蔽状态那里展开的东西和先行抛入形态之裂隙中的东西，是让无蔽发生的敞开领域，并且是这样，即现在，敞开领域才在存在者中间使存在者发光和鸣响。在对作品之本质和作品与存在者之真理的生发的关系的本质性洞察中，出现了这样一个疑问：根据幻想和想象力来思考诗之本质——同时也即筹划之本质——是否已经绰绰有余了。

诗的本质，现在已得到了宽泛的，但并非因此而模糊的了解，在此它无疑是大可追问的东西。我们眼下应该对之作一思考了。[②]

如果说一切艺术本质上皆是诗，那么，建筑艺术、绘

[①] 1960年雷克拉姆版：不充分——无蔽与"存在"的关系；存在等于在场状态，参看拙文"时间与存在"。——作者边注

[②] 1960年雷克拉姆版：也就是说，艺术的固有特性也值得追问。——作者边注

画艺术、音乐艺术就都势必归结为诗歌了。[①]这纯粹是独断嘛！当然，只要我们认为，上面所说的各类艺术都是语言艺术的变种——如果我们可以用语言艺术这个容易让人误解的名称来规定诗歌的话——那就是独断了。其实，诗歌仅只是真理之澄明着的筹划的一种方式，也即只是宽泛意义上的诗意创造（Dichten）的一种方式；虽然语言作品，即狭义的诗（Dichtung），在整个艺术领域中是占有突出地位的。

为了认识这一点，只需要有一个正确的语言概念即可。流行的观点把语言当作一种传达。语言用于会谈和约会，一般讲来就是用于互相理解。然而，语言不只是，而且并非首先是对要传达的东西的声音表达和文字表达。语言并非仅仅是把或明或暗如此这般的意思转运到词语和句子中去，而不如说，唯语言才使存在者作为存在者进入敞开领域之中。在没有语言的地方，比如，在石头、植物和动物的存在中，便没有存在者的任何敞开性，因而也没有不存在者和虚空的任何敞开性。

由于语言首度命名存在者，这种命名才把存在者带向词语而显现出来。这一命名（Nennen）指派（ernennen）存在者，使之源于其存在而达于其存在。这样一种道说乃

[①] 海德格尔在这里区分了诗（Dichtung）与诗歌（Poesie），前者联系于动词"作诗"（dichten），后者则是体裁分类意义上的与散文相对的文学样式。——译注

澄明之筹划，它宣告出存在者作为什么东西进入敞开领域。筹划①是一种投射的触发，作为这种投射,②无蔽把自身发送到存在者本身之中。而筹划着的宣告（Ansagen）即刻成为对一切阴沉的纷乱的拒绝（Absage）；在这种纷乱中存在者蔽而不显，逃之夭夭了。③

筹划着的道说就是诗：世界和大地的道说，世界和大地之争执的领地的道说，因而也是诸神的所有远远近近的场所的道说。④诗乃是存在者之无蔽状态的道说（die Sage）。始终逗留着的语言是那种道说（das Sagen）之生发，在其中，一个民族的世界历史性地展开出来，而大地作为锁闭者得到了保存。在对可道说的东西的准备中，筹划着的道说同时把不可道说的东西带给世界。在这样一种

---

① 1960年雷克拉姆版：筹划（Entwerfen）——不是澄明之为澄明，因为在其中只是测定了计划（Entwurf）的位置，不如说：对裂隙的筹划。——作者边注

② 此处"筹划"（Entwerfen）与"投射"（Wurf）具有字面联系。——译注

③ 1960年雷克拉姆版：只是这样？或者作为命运。参照：集置（Gestell）。——作者边注

④ 后期海德格尔以"道说"（die Sage）一词指称他所思的非形而上学意义上的语言。所谓"道说"乃是"存在"——亦作"本有"（Ereignis）——的运作和发生。作为"道说"的语言乃是"寂静之音"，无声之"大音"。海德格尔也以动词das Sagen标示合乎die Sage的本真的人言（即"诗"与"思"）。我们也译das Sagen为"道说"。参看海德格尔：《在通向语言的途中》，中译本，孙周兴译，商务印书馆，2015年。——译注

道说中，一个历史性民族的本质的概念，亦即它对世界历史的归属性的概念，先行被赋形了。

在这里，诗是在一种宽广意义上，同时也在与语言和词语的紧密的本质统一性中被理解的，从而，就必定有这样一个悬而未决的问题：艺术，而且是包括从建筑到诗歌的所有样式的艺术，是不是就囊括了诗之本质呢？

语言本身就是根本意义上的诗。但由于语言是存在者之为存在者对人来说向来首先在其中得以完全展开出来的那种生发，所以，诗歌，即狭义上的诗，才是根本意义上最源始的诗。语言是诗，不是因为语言是源始诗歌（Urpoesie）；不如说，诗歌在语言中发生，因为语言保存着诗的源始本质。相反地，建筑和绘画总是已经，而且始终仅只发生在道说和命名的敞开领域之中。它们为这种敞开所贯穿和引导，所以，它们始终是真理把自身建立于作品中的本己道路和方式。它们是在存在者之澄明范围内的各有特色的诗意创作，而存在者之澄明早已不知不觉地在语言中发生了。[①]

作为真理之自行设置入作品，艺术就是诗。不光作品的创作是诗意的，作品的保存同样也是诗意的，只是有其独特的方式罢了。因为只有当我们本身摆脱了我们的惯常

---

① 1960年雷克拉姆版：这说的是什么？澄明通过语言而发生，或者居有着的澄明才允诺道说和弃绝（Entsagen）并且因而允诺了语言？语言与肉身（语音与文字）。——作者边注

性而进入作品所开启出来的东西之中,从而使得我们的本质在存在者之真理达到恒定①时,一个作品才是一个现实的作品。

艺术的本质是诗。而诗的本质是真理之创建(Stiftung)。在这里,我们所理解的"创建"有三重意义,即:作为赠予的创建,作为建基的创建和作为开端的创建。②但是,创建唯有在保存中才是现实的。因此,保存的样式吻合于创建的诸样式。对于艺术的这种本质构造,我们眼下只能用寥寥数语的勾勒来加以揭示,甚至这种勾勒也只是前面我们对作品之本质的规定所提供的初步线索。

真理之设置入作品冲开了阴森惊人的东西,同时冲倒了寻常的和我们认为是寻常的东西。在作品中开启自身的真理绝不可能从过往之物那里得到证明并推导出来。过往之物在其特有的现实性中被作品所驳倒。因此艺术所创建的东西,绝不能由现存之物和可供使用之物来抵销和弥补。创建是一种充溢,一种赠予。

真理的诗意创作的筹划把自身作为形态而置入作品中,这种筹划也绝不是通过进入虚空和不确定的东西中来

---

① 1960年雷克拉姆版:在置身于用(Brauch)的状态意义上。——作者边注

② 在此作为"创建"(Stiften)的三重意义的"赠予"(Schenken)、"建基"(Gründen)和"开端"(Anfangen)都是动词性的。——译注

实现的。而毋宁说，在作品中，真理被投向即将到来的保存者，亦即被投向一个历史性的人类。但这个被投射的东西，从来不是一个任意僭越的要求。真正诗意创作的筹划是对历史性的此在已经被抛入其中的那个东西的开启。那个东西就是大地。对于一个历史性民族来说就是他的大地，是自行锁闭着的基础；这个历史性民族随着一切已然存在的东西——尽管还遮蔽着自身——而立身于这一基础之上。但它也是他的世界，这个世界由于此在与存在之无蔽状态的关联而起着支配作用。因此，在筹划中，人与之俱来的那一切，必须从其锁闭的基础中引出并且特别地被置入这个基础之中。这样，基础才被建立为具有承受力的基础。

由于是这样一种引出（Holen），所有创作（Schaffen）便是一种汲取（犹如从井泉中汲水）。毫无疑问，现代主观主义直接曲解了创造（das Schöpferische），把创造看作是骄横跋扈的主体的天才活动。真理的创建不光是在自由赠予意义上的创建，同时也是在铺设基础的建基意义上的创建。它绝不从流行和惯常的东西那里获得其赠品，从这个方面来说，诗意创作的筹划乃来源于无（Nichts）。但从另一方面看，这种筹划也绝非来源于无，因为由它所投射的东西只是历史性此在本身的隐秘的使命。

赠予和建基本身就拥有我们所谓的开端的直接特性。

但开端的这一直接特性，出于直接性的跳跃①的奇特性，并不是排除而是包括了这样一点，即：开端久已悄然地准备着自身。真正的开端作为跳跃始终都是一种领先，②在此领先中，凡一切后来的东西都已经被越过了，哪怕是作为一种被掩蔽的东西。开端③已经隐蔽地包含了终结。可是，真正的开端绝不具有原始之物的草创特性。原始之物总是无将来的，因为它没有赠予着和建基着的跳跃和领先。它不能继续从自身中释放出什么，因为它只包含了把它囿缚于其中的那个东西，此外无他。

相反，开端总是包含着阴森惊人之物亦即与亲切之物的争执的未曾展开的全部丰富性。作为诗的艺术是第三种意义上的创建，即真理之争执的引发意义上的创建；作为诗的艺术乃是作为开端的创建。每当存在者整体作为存在者本身要求那种进入敞开性的建基时，艺术就作为创建而进入其历史性本质之中。在西方，这种作为创建的艺术最早发生在古希腊。那时，后来被叫做存在的东西被决定性地设置入作品中了。进而，如此这般被开启出来的存在者整体被变换成了上帝的造物意义上的存在者。这是在中世

---

① 1960年雷克拉姆版："跳跃"（Sprung），参看《同一与差异》，关于同一性的演讲。——作者边注

② 注意"跳跃"（Sprung）与"领先"（Vorsprung）之间的字面联系。——译注

③ 1960年雷克拉姆版：开端（Anfang）必须在本有意义上思为开-端（An-Fang）。——作者边注

纪发生的事情。这种存在者在近代之初和近代之进程中又被转换了。存在者变成了可以通过计算来控制和识破的对象。上述种种转换都展现出一个新的和本质性的世界。每一次转换都必然通过真理之固定于形态中,固定于存在者本身中而建立了存在者的敞开性。每一次转换都发生了存在者之无蔽状态。无蔽状态自行设置入作品中,而艺术完成这种设置。

每当艺术发生,亦即有一个开端存在之际,就有一种冲力进入历史之中,历史才开始或者重又开始。在这里,历史并非意指无论何种和无论多么重大的事件的时间上的顺序。历史乃是一个民族进入其被赋予的使命中而同时进入其捐献之中。历史就是这样一个进入过程。

艺术是真理之自行设置入作品。在这个命题中隐含着一种根本性的模棱两可,据此看来,真理同时既是设置行为的主体又是设置行为的客体。但主体和客体在这里是不恰当的名称,它们阻碍着我们去思考这种模棱两可的本质。这种思考的任务超出了本文的范围。艺术是历史性的,历史性的艺术是对作品中的真理的创作性保存。艺术发生为诗。诗乃赠予、建基、开端三重意义上的创建。作为创建的艺术本质上是历史性的。这不光是说:艺术拥有外在意义上的历史,它在时代的变迁中与其他许多事物一起出现,同时变化、消失,给历史学提供变化多端的景象。真正说来,艺术为历史建基;艺术乃是根本性意义上的历史。

艺术让真理脱颖而出。作为创建着的保存，艺术是使存在者之真理在作品中一跃而出的源泉。使某物凭一跃而源出，在出自本质渊源的创建着的跳跃中把某物带入存在之中，这就是本源（Ursprung）一词的意思。①

艺术作品的本源，同时也就是创作者和保存者的本源，也就是一个民族的历史性此在的本源，乃是艺术。之所以如此，是因为艺术在其本质中就是一个本源：是真理进入存在的突出方式，亦即真理历史性地生成的突出方式。

我们追问艺术的本质。为什么要做这样的追问呢？我们做这样的追问，目的是为了能够更本真地追问：艺术在我们的历史性此在中是不是一个本源，是否并且在何种条件下，艺术能够是而且必须是一个本源。

这样一种沉思不能勉强艺术及其生成。但是，这种沉思性的知道（das besinnliche Wissen）却是先行的，因而也是必不可少的对艺术之生成的准备。唯有这种知道为艺术准备了空间，②为创造者提供了道路，为保存者准备了地盘。

在这种只能缓慢地增长的知道中将做出决断：艺术是

---

① 海德格尔在此暗示了德语中"本源"（Ursprung）与"源出"（entspringen）和"跳跃"（Sprung）的字面联系。——译注

② 1960年雷克拉姆版：逗留之居所的处所。——作者边注

否能成为一个本源因而必然是一种领先,或者艺术是否始终是一个附庸从而只能作为一种流行的文化现象而伴生。

我们在我们的此在中历史性地存在于本源之近旁吗?我们是否知道亦即留意到本源之本质呢?或者,在我们对待艺术的态度中,我们依然只还是因袭成规,照搬过去形成的知识而已?

对于这种或此或彼的抉择及其决断,这里有一块可靠的指示牌。诗人荷尔德林道出了这块指示牌;这位诗人的作品依然摆在德国人面前,构成一种考验。荷尔德林诗云:

> 依于本源而居者
> 终难离弃原位。
> ——《漫游》,载《荷尔德林全集》第4卷
> (海林格拉特编),第167页

后　记

本文的思考关涉到艺术之谜,这个谜就是艺术本身。这里绝没有想要解开这个谜。我们的任务在于认识这个谜。

几乎是从人们开始专门考察艺术和艺术家的那个时代

起，此种考察就被称为美学的考察。美学把艺术作品当作一个对象，而且把它当作αἴσθησις［感知］的对象，即广义上的感性知觉的对象。现在人们把这种知觉称为体验。人体验艺术的方式，被认为是能说明艺术之本质的。无论对艺术享受还是对艺术创作来说，体验都是决定性的源泉。[①]一切都是体验。但也许体验却是艺术死于其中的因素。[②]这种死发生得如此缓慢，以至于它需要经历数个世纪之久。

诚然，人们谈论着不朽的艺术作品和作为一种永恒价值的艺术。但此类谈论用的是那种语言，它并不认真对待一切本质性的东西，因为它担心"认真对待"最终意味着：思想（denken）。在今天，又有何种畏惧更大于这种对思想的畏惧呢？此类关于不朽的作品和艺术的永恒价值的谈论具有某种内容和实质吗？或者，此类谈论只不过是在伟大的艺术及其本质已经远离了人类的时代里出现的一些肤浅的陈词滥调么？

[①] 1960年雷克拉姆版：现代艺术摆脱了体验因素吗？抑或，只是被体验的东西如此这般地发生了变化，以至于现在体验变得比以往还更为主观？现在，被体验者——"创造本能的技术因素"本身——成为制作和发明的方式。本身依然还是形而上学的"符号因素"的"非形式性"和相应的不确定性和空洞性，我之体验作为"社会"。——作者边注

[②] 1960年雷克拉姆版：这个命题倒并不是说，艺术完全完蛋了。只有当体验一直保持为艺术的绝对因素，才会有这样一种情况。但一切的关键恰恰在于，摆脱体验而进入此之在（Da-sein），而这就是说：获致艺术之"生成"的一个完全不同的"因素"。——作者边注

黑格尔的《美学讲演录》是西方历史上关于艺术之本质的最全面的沉思，因为那是一种根据形而上学而做的沉思。在《美学讲演录》中有这样几个命题：

"对我们来说，艺术不再是真理由以使自己获得其实存的最高样式了。[①]"（《全集》，第10卷，第1册，第134页）[②]"我们诚然可以希望艺术还将会蒸蒸日上，并使自身完善起来，但是艺术形式已不再是精神的最高需要了。"（《全集》，第10卷，第1册，第135页）[③] "从这一切方面看，就它的最高职能来说，艺术对于我们现代人已经是过去的事了。"（《全集》，第10卷，第1册，第16页）[④]

尽管我们可以确认，自从黑格尔于1828—1829年冬季在柏林大学做最后一次美学讲座以来，我们已经看到了许多新的艺术作品和新的艺术思潮；但是，我们不能借此来回避黑格尔在上述命题中所下的判词。黑格尔绝不是想否认可能还会出现新的艺术作品和艺术思潮。然而，问题依然是：艺术对我们的历史性此在来说仍然是决定性的真理的一种基本和必然的发生方式吗？或者，艺术压根儿就不再是这种方式了？但如果艺术不再是这种方式了，那么

[①] 1960年雷克拉姆版：艺术作为真理（在此即绝对者之确定性）的方式。——作者边注

[②] 参看黑格尔：《美学》，中译本，朱光潜译，商务印书馆，1982年，第1卷，第131页。——译注

[③] 同上书，第132页。——译注

[④] 同上书，第15页。——译注

问题是：何以会这样呢？黑格尔的判词尚未获得裁决；因为在黑格尔的判词背后，潜伏着自古希腊以降的西方思想，这种思想相应于一种已经发生了的存在者之真理。如果要对黑格尔的判词作出裁决，那么，这种裁决乃是出于这种存在者之真理并且对这种真理作出裁决。在此之前，黑格尔的判词就依然有效。而因此就有必要提出下面的问题：此判词所说的真理是不是最终的真理？如果它是最终的真理又会怎样？

这种问题时而相当清晰，时而只是隐隐约约地与我们相关涉；只有当我们事先对艺术之本质有了深思熟虑，我们才能探问这种问题。我们力图通过提出艺术作品的本源问题而迈出几步。关键在于洞察作品的作品特性。在这里，"本源"一词的意思是从真理的本质方面来思考的。

我们所说的真理与人们在这个名称下所了解的东西是大相径庭的；人们把"真理"当作一种特性委诸认识和科学，从而把它与美和善区别开来，善和美则被视为表示非理论活动的价值的名称。

真理是存在者之为存在者的无蔽状态。[①]真理是存在之真理。美与真理并非比肩而立的。当真理自行设置入作

[①] 1957年第三版：真理乃是存在者的自行照亮的存在。真理乃是区－分即分解（Austrag）之澄明，在其中澄明已经根据区分得到了规定。——作者边注

品，它便显现出来。这种显现（Erscheinen）——作为在作品中的真理的这一存在和作为作品——就是美。因此，美属于真理的自行发生（Sichereignen）。美不仅仅与趣味相关，不只是趣味的对象。美依据于形式，而这无非是因为，forma［形式］一度从作为存在者之存在状态的存在那里获得了照亮。那时，存在发生为 εἶδος［外观、爱多斯］。ἰδέα［相］适合于 μορφή［形式］。[①]这个 σύνολον，即 μορφή［形式］和 ὕλη［质料］的统一整体，亦即 ἔργον［作品］，以 ἐνέργεια［实现］之方式存在。这种在场的方式后来成了 ens actus［现实之物］的 actualitas［现实性］；actualitas［现实性］成了事实性（Wirklichkeit）[②]；事实性成了对象性（Gegenständlichkeit）；对象性成了体验（Erlebnis）。对于由西方决定的世界来说，存在者成了现实之物；在存在者作为现实之物而存在的方式中，隐蔽着美和真理的一种奇特的合流。西方艺术的本质的历史相应于真理之本质的转换。假定形而上学关于艺术的概念获得了艺术的本质，那么，我们就绝不能根据被看作自为的美来理解艺术，同样也不能从体验出发来理解艺术。

---

① "相"（ἰδέα）在国内通译为"理念"，译之为"相"似更合海德格尔的理解。——译注

② 德语的 Wirklichkeit 与拉丁语的 actualitas 通常是对译词。——译注

附 录

在第48页和第55页上，细心的读者会感到一个根本性的困难，它起于一个印象，仿佛"真理之固定"（Feststellen der Wahrheit）与"让真理之到达发生"（Geschehenlassen der Ankunft der Wahrheit）这两种说法是从不能协调一致的。因为，在"固定"中含有一种封锁到达亦即阻挡到达的意愿；而在"让发生"中却表现出一种顺应，因而也似乎显示出一种具有开放性的非意愿。

如果我们从贯穿本文全篇的意义上，也就是首先从"设置入作品"①这个指导性规定所含的意义上，来理解这种"固定"，那么，上面这个困难就涣然冰释了。与"摆置"（stellen）和"设置"（setzen）密切相关的还有"置放"（legen）。这三个词的意思在拉丁语中还是由ponere一个词来表达的。

我们必须在θέσις[置立]的意义上来思考"摆置"。所以在第45页上，我们说："在这里，设置和占据都是从θέσις[置立]的希腊意义出发得到思考的，后者意谓：

---

① 1960年雷克拉姆版：更好地说：带入作品中；带出来，作为让（Lassen）的带（Bringen）；ποίησις[制作]。——作者边注

在无蔽领域中的一种建立（Aufstellen）"。希腊语中的"设置"，意思就是作为让出现的摆置，比如让一尊雕像摆置下来；意思就是置放，安放祭品。摆置和置放有"带入无蔽领域，[①]带入在场者之中，亦即让……呈现"的意义。设置和摆置在此绝不意味着：与现代概念中的挑衅性的自我（也即自我主体）对置起来。雕像的立身（Stehen）（也即面对着我们的闪耀的在场）不同于客体意义上的对象的站立。"立身"（参看第19页）乃是闪耀（Scheinen）的恒定。相反，在康德辩证法和德国唯心主义那里，正题、反题、合题指的是在意识之主观性领域内的一种摆置。相应地，黑格尔——从他的立场出发乃是正当地——是在对象的直接设置这种意义上来阐释希腊词语 θέσις［置立］的。对黑格尔来说，这种设置还是不真实的，因为它还没有经过反题和合题这两个中介（现在可参看拙文"黑格尔与希腊"，载《路标》，1967年）。[②]

然而，如果我们在论述艺术作品的论文中把 θέσις［置立］的希腊意义保持在眼界中，也即把它视为"在其显现和在场中让呈现出来"，那么，"固定"中的"固"（fest）就绝没有"刻板、静止和可靠"的意义。

这个"固"的意思是："勾勒轮廓"（umrißen）、"允

---

① 1960年雷克拉姆版："来"（Her）：来自澄明。——作者边注
② 参看海德格尔：《路标》，中译本，孙周兴译，商务印书馆，2014年。——译注

许进入界限中"（πέρας）、"带入轮廓中"（第47页）。希腊语意义上的界限并非封锁，而是作为被生产的东西本身使在场者显现出来。界限有所开放而入于无蔽领域之中；凭借在希腊的光亮中的无蔽领域的轮廓，山峦立身于其凸现和宁静中。具有巩固作用的界限是宁静的东西，也即在动荡状态之全幅中的宁静者，所有这一切适切于希腊文的ἔργον［作品］意义上的作品。这种作品的"存在"就是ἐνέργεια［实现］，后者与现代的"活力"（Energien）概念相比较，于自身中聚集了无限多的运动。

因此，只要正确地理解了真理之"固定"，它就绝不会与"让发生"相冲突。因为一方面，这个"让"不是什么消极状态，而是在θέσις［置立］意义上的最高的能动（参看拙著《演讲与论文集》，1954年，第49页），是一种"活动"和"意愿"。本文则把它规定为"实存着的人类绽出地进入存在之无蔽状态"（第51页）。另一方面，"让真理发生"中的"发生"是在澄明与遮蔽中的运动，确切地说，乃是在两者之统一中的起作用的运动，也即自行遮蔽——由此又产生一切自行澄亮——的澄明的运动。这种"运动"甚至要求一种生产意义上的固定；这里，我们是在本文第46页所说的意义上来理解"带来"的，在那里我们曾说，创作的（创造的）生产"毋宁说是在与无蔽状态之关联范围内的一种接收和获取"。

根据前面的阐释，我们在第48页中所用的"集置"

（Ge-stell）一词的含义就得到了规定：它是生产之聚集，是让显露出来而进入作为轮廓（πέρας）的裂隙中的聚集。通过如此这般被理解的"集置"，就澄清了作为形态的μορφή［形式］的希腊意义。实际上，我们后来把它当作现代技术之本质的明确的主导词语来使用的"集置"，是根据这里所说的"集置"来理解的（而不是根据书架和蒙太奇来理解的）。[①]本文所说的"集置"是更根本性的，因为它是存在命运性的。作为现代技术之本质的集置源出于希腊人所经验的"让呈现"，亦即λόγος［逻各斯］，源出于希腊语中的ποίησις［创作］和θέσις［置立］。在集置之摆置中，现在也即说，在使万物进入保障的促逼（Herausfordern）中，道出了ratio reddenda 即λόγον διδόναι［说明理性］的要求；而无疑地，今天这种在集置中的要求承接了无条件的统治地位，表象（Vor-stellen）由希腊的知觉而聚集为保障和固定（Sicher- und Fest-Stellen）了。

在倾听《艺术作品的本源》中的"固定"和"集置"等词语之际，我们一方面必须放弃设置和集置的现代意义，但另一方面，我们同时要看到，决定着现代的作为集

[①] 德文Gestell一词的日常含义为"支架、座架"（已故熊伟先生因此译之为"座架"），海德格尔以Ge-stell一词思技术的本质，有别于"书架"（Büchergestell）中的Gestell以及"蒙太奇"（Montage）的"装配"之义。我们主要取其字面意义，译之为"集置"。——译注

置的存在乃源出于西方的存在之命运，它并不是哲学家凭空臆想出来的，而是被委诸思想者的思想了——这个事实及其情形，也是我们不可忽视的（参看拙著《演讲与论文集》，第28页和49页）。

在第45页上，我们以简单的措词给出了关于"设立"和"真理在存在者中自行设立"的规定。要说明这种规定也是很困难的。这里，我们又必须避免在现代意义上以技术报告的方式把"设立"（einrichten）理解为"组织"和完成。而毋宁说，"设立"令我们想到第46页上所说的"真理与作品之牵连"，即真理本身以作品方式存在着，在存在者中间成为存在着的（第46页）。

如果我们考虑到，作为存在者之无蔽状态的真理如何仅只表示存在者本身的在场，亦即存在（参看第56页），那么，关于真理（即存在）在存在者中的自行设立的谈论就触及了存在学差异的问题（参看拙著《同一与差异》，1957年，第37页以下）。因此之故，我们曾小心翼翼地说（《艺术作品的本源》，第45页）："由于指出敞开性自行设立于敞开领域之中，思想就触及了一个我们在此还不能予以说明的区域。"《艺术作品的本源》全文，有意识地，但未予挑明地活动在对存在之本质的追问的道路上。只有从存在问题出发，对艺术是什么这个问题的沉思才得到了完全的和决定性的规定。我们既不能把艺术看作一个文化成就的领域，也不能把它看作一个精神现象。艺术归属于本有（Ereignis），而"存在的意义"（参看《存在与时间》）唯从本有而来才能得到规定。[①]艺术是什么的问题，是本文中没有给出答案的诸种问题之一。其中仿佛给出了这样一个答案，而其实乃是对追问的指示（参看本文"后记"开头几句话）。

第55页和第61页上的两个重要线索就是这种指示。在这两个地方谈到一种"模棱两可"。第61页上，在把艺术规定为"真理之自行设置入作品"时，指明了一种"根本的模棱两可"。根据这种规定，真理一会儿是"主体"，一会儿又是"客体"。[②]这两种描述都是"不恰当的"。如果真理是"主体"，那么"真理之设置入作品"这个规定就意味着："真理之自行设置入作品"（参见第55页，第

[①] 后期海德格尔以一个非形而上学的词语Ereignis来取代形而上学的"存在"（Sein）范畴。Ereignis有"成其本身""居有自身""本来就有"之意义，故我们考虑译之为"本有"。又鉴于海德格尔的解说，以及他对中国老子之"道"的思想的汲取（海德格尔认为，他所思的Ereignis可与希腊的λόγος［逻各斯］和中国的道并举，并把Ereignis的基本含义解释为"道说""道路""法则"等），我们也曾译之为"大道"。关于"大道"一译，可参看海德格尔：《在通向语言的途中》，中译本，孙周兴译，商务印书馆，2015年。关于"本有"的集中思考，可参看海德格尔：《哲学论稿（从本有而来）》（作于1936—1938年），《全集》，第65卷，美因法兰克福，1989年；中译本，孙周兴译，商务印书馆，2014年。值得指出的是，本书正文中较少出现Ereignis一词，而在作者后来在自己的样书中所加的"作者边注"中则较多地出现了该词。本文"后记"作于1956年，其时海德格尔的"本有"（Ereignis）之思已趋于明确了。——译注

[②] 此处"主体"（Subjekt）和"客体"（Objekt）两词或可译"主词"和"宾词"。——译注

20页）。这样，艺术就是从本有（Ereignis）方面得到思考的。然而，存在乃是对人的允诺或诉求（Zusprunch），没有人便无存在。因此，艺术同时也被规定为真理之设置入作品，此刻的真理便是"客体"，而艺术就是人的创作和保存。

在人类与艺术的关系内出现了真理之设置入作品中的另一个模棱两可，这就是第55页上面所谓的创作和保存的模棱两可。按第55页和第41页上的说法，艺术作品和艺术家"同时"基于艺术的现身本质中。在"真理之设置入作品"这一标题中——其中始终未曾规定但可规定的是，谁或者什么以何种方式"设置"——隐含着存在和人之本质的关联。这种关联甚至在本文中也被不适宜地思考了——这乃是一个咄咄逼人的难题，自《存在与时间》以来我就看清了这个难题，继之在各种著作中对它作了一些表述（参看最近出版的《面向存在问题》和本文第45页："所要指出的只是，……"）。[1]

然后，在这里起决定作用的问题集中到探讨的根本位置上，我们在那里浮光掠影地提到了语言的本质和诗的本质；而所有这一切又只是在存在与道说（Sein und Sage）的共属关系方面来考虑的。

---

[1] 参看海德格尔：《路标》，中译本，孙周兴译，商务印书馆，2014年，第457页以下。——译注

一个从外部很自然地与本文不期而遇的读者，首先并且一味地，势必不是从有待思想的东西的缄默无声的源泉领域出发来设想和解说事情真相的。这乃是一个不可避免的困境。而对于作者本人来说，深感迫切困难的是，要在道路的不同阶段上始终以恰到好处的语言来说话。

论艺术作品的本源[①]

（第一稿）

我们在这里，在一个关于艺术作品的本源的演讲范围内所能道出的东西，是少得可怜的。其中许多内容也许异乎寻常，而大多数东西则受到了误解。不过，超乎所有这一切，事情的关键其实只在于一点，即：在对有关艺术之本质的规定早就已经想出来和道说出来的东西的全部评估中，把我们此在（Dasein）对于艺术的一种转换了的基本态度一道准备出来。

艺术作品是我们所熟悉的。建筑作品和雕塑作品，声音作品和语言作品，被安放在这里那里。这些作品来自迥然不同的时代；它们属于我们自己的民族和陌生的民族。我们多半也知道如此这般现成的艺术作品的"本

[①] 本文标题原文为"Vom Ursprung des Kunstwerks"，与前文"艺术作品的本源"（Der Ursprung des Kunstwerkes）略有区别。——译注

源";因为除了通过艺术家的生产,一件艺术作品还可能在别处有其本源么?这样一种生产包含着两个过程:一是艺术家通过想象力对思想的把握,二是把这种思想转化为艺术家的产品。两者是同样重要的,尽管艺术家对思想的把握始终是思想之执行的先决条件,因而始终是"更本源性的东西"。思想之把握是一个纯粹精神性的过程,这个过程可以被描写为"心灵体验"。从中形成一种贡献,即对关于艺术产品之生产的心理学的贡献。诸如此类的东西可能是真正有教益的,只不过,绝不会带来一种对艺术作品之本源的揭示。这是何故呢?首先是因为在这里,"本源"径直等同于艺术作品之现成存在的"原因"①。但这种朝向"原因"的问题方向之所以会理所当然地被采纳,是因为人们根本不是从艺术作品出发的,而是从作为一种技巧的艺术产品出发的。②诚然,依然正确的是:艺术构成物来自艺术家的"精神奋斗"。生产(Hervorbringung)乃是他所能做到的成就。这种成

---

① 此句中的"本源"(Ursprung)与"原因"(Ursache)都联系于希腊文的arche[本原、始基],但"本源"在字面上是"原跳跃",而"原因"在字面上是"原事情",后来越来越稳定地成为理论科学的因果关系概念,故两者还是要区别开来的。——译注

② 注意此句中的"艺术作品"(原文为Kunstwerk)、"技巧"(原文为Kunst*stück*)与"艺术产品"(原文为Kunsterzeugnis)之间的字面联系。——译注

就变成他的"个性"（Persönlichkeit）的"表达"，而所谓"个性"乃在生产中"充分发挥出来"，并且"摆脱了情感风暴"。因此，艺术作品始终也是艺术家的产品。可是——这种被产出存在（Erzeugtsein）并不构成作品之作品存在。情形不可能是，最本己的生产意志向来急于让作品保持原状。正是在伟大的艺术中——我们在此只谈论这种艺术——，艺术家与作品的现实性相比才是某种无关紧要的东西，他就像一条为了作品的产生而在创作中自我消亡的通道。

有关艺术作品之本源的问题首先必须坚持，它要真正地从艺术作品之为艺术作品那里发起追问。为此显然有必要在艺术作品正好已经摆脱了生产而本身现成存在的地方搜寻艺术作品。我们在艺术博物馆和艺术展览馆碰到艺术作品。它们被放置在那里。在公共场所和私人住宅里，我们可以见到艺术作品。它们被安放在那里。这些作品清清楚楚地站立；因为艺术史研究规定了它们的来源和归属。艺术行家和艺术批评家负责描写它们的内容，说明它们的——正如人们所说的——"品质"，从而使作品能够为公共的和个人的艺术鉴赏所接受。艺术之友和艺术爱好者推动了艺术作品的收藏。官方机构承担着艺术作品的保护和保存。艺术交易操心于市场。围绕本身现成的艺术作品，展开着如此多样的额外活动（Umtrieb），我们可以

77 简单地把它称为"艺术产业"①,而并无任何贬义。艺术产业帮助人们获得了通向艺术作品本身的道路。诚然——只要艺术作品现在已经从与艺术家的生产的关联中摆脱出来了,那么情况就是这样。然而,简单地撇开这种关联,这还不能保证我们现在能够经验到作品的作品存在;因为艺术产业其实重又把作品带入一种关联之中,就是与围绕作品的额外活动的关联。作品在此是这样照面的,就如同它是在进行保护、说明和享受活动的艺术产业范围内的对象(Gegenstand)。但这样一种对象存在又不能与作品的作品存在等同起来。

让我们把自己带到伟大艺术的作品面前——面对慕尼黑博物馆里的《埃吉纳》群雕,面对法兰克福古代雕品博物馆里的斯特拉斯堡《铁丝网》②,或者进入索福克勒斯的《安提戈涅》的领域。这些作品已经被移置出它们本真的场所和空间了。不管这些作品的名望有多高,它们的所谓"品质"和影响力有多大,它们的作品存在都不再是本真的了。它们可能依然被保存得那么完好,那么容易理解,它们被移置入博物馆中,被接纳入具有流传作用的保存中,就已经使它们远离了自己的世界。但即使我们努力

---

① 此处"艺术产业"(Kunstbetrieb)或可译为"艺术活动、艺术企业"。——译注

② 《铁丝网》(Bärbele):未查明为何作品,可能来自法语的barbele(有刺铁丝网)。——译注

取消或者避免这种对作品的移置,例如在原地探访波塞冬神庙,在原处探访班贝克大教堂——被保存下来的作品的世界也已经颓落了。诚然,我们可以在历史的回忆中对它们进行描绘和怀念。然而,世界之抽离和世界之颓落再也不可逆转。我们固然可以把作品经验为它们的时代的"表达",某个民族从前的华美和势力的见证。我们尽可以"倾心于"我们"壮丽的德国大教堂"。然而——世界之颓落和世界之抽离已经粉碎了它们的作品存在。

艺术产业中的对象存在,由艺术家造成的作品的被产出存在,乃是关于作品存在的两个可能的规定。但前者是作品存在的一个结果,后者是作品存在的一个附带条件。它们不但没有穷尽作品存在,而且甚至于——就本身来看——阻挡了对作品存在的考察以及关于作品存在的认识。

可是,只要我们没有把握作品的作品存在,那么,关于艺术作品之本源的问题就还没有获得充分可靠的开端。

那么,究竟为什么关于艺术作品的作品存在的规定如此艰难呢?因为作品存在是由作品按照其本质和必然性来说建基于其中的东西来规定的。而且,唯有这个基础才是作品的本源。①这个本源并不在于作为被产出存在之原因

---

① 注意这里的"基础"(Grund)与"本源"(Ursprung)的词源联系。——译注

的艺术家身上。艺术作品的本源是艺术。艺术存在,并不是因为有艺术作品,而倒是相反,因为并且只要艺术发生出来,就有作品的必然性。而且,作品的必然性才是艺术之可能性的基础。

这首先只是一些断言而已。它们把我们带入一种奇怪的情势中。关于艺术作品的本源的问题必须从作品的作品存在出发。但这种作品存在首先或者说已经是由本源来规定的。我们寻求的东西即本源,是我们必须已经具有的,而我们具有的东西是我们首先必须寻求的。我们于是活动于循环之中。但这一点无论如何——至少在哲学中——都可以被视为一个标志,标明这个问题提法是对头的。我们先要在阐释结束处为开始做好准备,这样一种困难是无可回避的。

但为了一道实行我们的追问的循环运动,我们却只需要一个跳跃。而且说到底,这种跳跃是有关我们要探问的这个本源的适当认识的唯一参与方式。① 所以,一切都取决于我们要为这种跳跃采取得当的起跳(Absprung)。根据本次思索的设计,这种起跳就在于赢获关于艺术作品及其作品存在的充分的先行概念(Vorbegriff)。

---

① 注意这里的"跳跃"(Sprung)与"本源"(Ursprung)的字面和意义联系。——译注

一 艺术作品作为作品

上面的讨论都是为了防止关于作品之作品存在的误解，人们要么是把它了解为由艺术家造成的被产出存在，要么是把它看作艺术产业的对象存在，这些都是对作品之作品存在的误解。甚至两者多半是耦合在一起的。在此艺术作品始终还处于一种与他者的关联之中，不是从它本身出发得到理解的。但我们竟能在任何关联之外把握它自身身上的某个东西吗？至少这时候，这种把握本身无论如何就是一种关联。这个原则性的问题在这里一直被忽视了。现在着眼于我们的任务，更本质性的是另一个问题：把作品从所有与它之外的它者的关联中摆脱出来，这样一种尝试难道不是径直违抗作品本身之本质么？确实如此，因为作品意愿作为作品而成为可敞开的（offenbar）。而且，虽然作品并非只是事后附加地被带入一种公共状态（Öffentlichkeit），这种公共状态也不是一道被计划好的，而不如说，作品存在就意味着可敞开存在（Offenbarsein）。但问题在于，在此可敞开状态与公共状态意指什么。不是指在艺术产业中一起厮混的公众。说到底，作品通过出离入敞开者之中而"发挥作用"之际，绝不是某种现成之物，只要碰到一个适当的接受者就成事大吉了，而毋宁说，在作品的可敞开存在中，作品才获取（*erwirkt*）其公共状态。作品与现有的"公众"只有这样一种关联，即它把公众毁掉了。而且以这种摧毁力，可以衡量出一件艺术作品的伟大性。

然而，这种进入敞开者之中的关联（Bezug）虽然对于作品存在来说是本质性的；但它本身却是以作品存在的基本特征（*Grundzug*）为基础的，这个基本特征是我们现在要一步步加以揭示的。

我们追问作品，追问作品如何自在地寓于其自身而存在。只消作品在起作用①，作品就寓于其自身而存在。而且，艺术作品在起作用，乃是在其建立（*Aufstellung*）中。

以上述说法，可以指示出作品之作品存在方面的一个特征。在艺术作品方面，通常人们谈论"建立"，意指把一件作品安放在一个展览馆里，或者把作品安置在某个适当的场所。与单纯的安置和安放根本不同的，是树立（Errichtung）意义上的建立：例如，建造某个宙斯神庙，或者把某个阿波罗立式雕像放好、完成，或者上演一出悲剧，但后者同时就不光是以一个民族的语言树立一部诗意的语言作品。

这样一种作为树立的建立乃是奉献（Weihung）和颂

---

① 注意此处"作品"（Werk）与"在起作用"（am Werk）的字面联系。——译注

扬（Rühmung）。奉献意味着"神圣化、崇敬"（heiligen），意思就是在作品式的呈献中神圣者之为神圣者被开启，上帝被争取入它的在场状态的敞开者之中。"奉献"包括颂扬，作为对上帝之尊严和荣光的承认。在作品式的颂扬中得到开启的尊严与荣光，并不是这样一些特性，在它们旁边和背后此外还站着上帝，而不如说，在尊严和荣光中上帝才在场。

每一种在奉献和颂扬的树立意义上的建立，始终也是一种建造（Erstellung），即一种建筑和立像的安置，某种语言范围内的道说和命名。但并不能反过来说，一个"艺术产品"的安置和安放就已经是一种有所建造的树立意义上的建立；因为这种有所建造的树立是有前提的，前提是有待树立、建立的作品于自身中已经具有建立之基本特征，本身在最本己之物中就是有所建立的（auf*stellend*）。但我们要如何来把握这种本真的、共同构成作品之作品存在的"建立"呢？

作品于自身中是一种耸突（Aufragen），在其中，一个世界被打开了，并且作为被开启的东西被置入停留之中。但什么是———一个世界（*Welt*）呢？有关此点，我们这里只能以极粗糙的暗示来加以言说。为防御起见，我们先可以说：世界不是现成事物的积聚，即一种对现成事物的详细的或者只是思想上的清点的结果。但正如世界不是现成之物的总和，世界也不是一种单纯想象和联想的有关现成之物的构架。世界世界化①——它改变我们的此在（Dasein）的道路，使之成为一种接送（Geleit），在其中一切存在者的逗留与急忙、遥远与切近、广博与狭隘向我们保持开放。这种护送从来不是作为对象而照面的，而毋宁说，它有所指示，使我们的有为和无为出离而进入一个由种种指引（Verweisungen）构成的结构之中，从这种种指引而来，诸神的有所暗示的恩惠和有所打击的厄运到来以及——悬缺。即便这种悬缺（Ausbleiben）也是世界世界化的一种方式。这种有所指示的护送可能沦于纷乱，因而成为一个非世界（Unwelt）。然而，无论世界抑或非世界，这种有所指示的护送以全部的非对象性（Ungegenständlichkeit）而比任何一个可把握的现成事物（我们日常以为自己就是以之为家的）都更具存在性（seiender）。但世界是始终非熟悉的东西；由于我们知道这个东西，我们便不知道我们知道什么。（不过，世界绝不是站立在我们面前的对象，而是我们所从属的非对象②。）

于是，世界就是作品之为作品建-立（auf-stellt）的

---

① 德语原文为 Welt weltet。这是后期海德格尔的特色思想表达，类似的表达有："存在存在/存在是"（Sein ist）、"本有居有"（Ereignis ereignet）、"物物化"（Ding dingt）等。——译注

② 此处"非对象"原文为 Ungegen*stand*，似乎更应译为"非对立的东西"。——译注

东西，也即说，作品之为作品打开了什么，并且把被开启者带向站立、带向世界化的停留，这才有世界。如此这般有所建-立，作品才起作用。广义的艺术产品，不拥有这种世界建立之本质关联的艺术产品，就不是艺术作品，而是一种技巧，后者不对任何东西起作用，而只是展示了一种空洞的能力，也许甚至造成了某种"印象"。

因为真正的作品在耸突之际留下和贮备了一个世界，所以，在其中就有那种对通常现成之物的强势拒绝（Abweisung）发挥作用。笼罩着每一件作品的非熟悉的东西，乃是那种孤离状态[①]，即作品——完全只是在建立其世界之际——把自己回置入其中的状态。唯有借助于这种孤独，作品才能进入敞开者之中，把它开启、耸突出来，并且获得其公共性。此时被吸纳入其领域之中的所有事物都会变成这样，仿佛一个非创造性的和不可回避的东西已经攫住了它们。

由于作品是（ist）作品，作品把自己的世界带向被开启的耸立（Ragen）中，作品本身才获得了它为之效力的任务，作品本身才创造了它贯通并且支配的空间，作品本身才规定了它赖以树立的位置。在奉献和颂扬的树立意义上的建立始终建基于在有所耸突地留下一个世界意义上的

[①] 此处"孤离状态"德语原文为Abgeschiedenheit，或可译为"孤独状态"。——译注

建立。前者可能对后者不起作用。前者可能陷于对艺术产品的单纯安置的非本质性之中。但被树立的作品可能落入世界抽离和世界颓落的命运中。作品虽然还是现成的，但它不再在此存在，而是逃之夭夭了。不过，这种离开不是一无所有，相反，逃遁依然在现成的作品中——假如它是一件作品，而且这时候，这种逃遁也还处于碎片中（而对一个产品的完好保存还没有使这个产品成为作品）。

与建-立一体地，作品之作品存在也包含置造（Herstellung）。不过，我们一开始却特别地把艺术家的生产（Hervorbringung）排除掉了，因为我们不可能根据被产出存在（Erzeugtsein）来理解作品存在，相反地只能根据作品存在来理解被产出存在。但以所谓的置造与生产，我们指的并非同一个东西。为了描述以这个词语所命名的作品存在中的本质特征，我们就像在"建立"的情况中一样，也从流俗的词义出发。每一个作品，只要它存在，就都是从石头、木头、矿石、颜料、声音和语言中被置造出来的。这种在制作中被使用的东西，就是所谓质料（Stoff）。质料被带入形式（Form）中。这种根据质料与形式来分析艺术作品的做法后来还导致了进一步的根据内涵、内容与形态来进行的区分。着眼于艺术作品来看，对质料与形式之类规定性的使用在任何时候都是可能的，也是任何人都容易接受的，因此几百年以来成了普遍流行的。然则这些规定根本就不是不言自明的。它们来源于那种指向十分明确的存在者阐释，柏拉图和亚里士多德在希腊哲学的结尾处使这种存在者阐释发挥作用了。据此看来，一切存在者向来都有自己的外观，这个外观显示于自己的形式中。一个存在者，只要它是从某物到某物被制作出来的，那它就处于这种形式中。它可能自己准备好成为它所是的东西，就像所有生长的东西；它也可能被制造出来。存在者作为存在者始终是被制作的现成之物。可是，这种关于存在者之存有①的阐释不仅不是不言自明的，它甚至根本就不是从关于艺术作品之为艺术作品的经验中汲取出来的，而不如说，它充其量是从关于作为一个被制造的事物的艺术作品的经验中来的。所以，根据质料与形式的分析在任何时候都可应用于作品，但如果要通过这种分析来把握作品的作品存在，那么，也同样确凿地，它在任何时候都是不真的。

可见，如果我们通过第二个本质特征即我们所谓的置造来刻画作品之作品存在，那么，我们以此所指的意思不可能是，作品是由质料组成的。相反，我们的意思倒是，作品在其作品存在中是有所置-造的（her-stellend），而且这是在字面意义上讲的。但作品之为作品置造什么，作品如何是有所置造的？正如作品耸突入它的世界之中，作

---

① 此处"存有"原文为 Seyn，是"存在"（Sein）的古式写法。海德格尔自1930年代以后经常使用这个写法。——译注

品同样也回沉入石头的粗笨和沉重、矿石的刚硬和光泽、木头的坚硬和韧性、颜料的明暗、声音的音调和词语的命名力量之中。莫非所有这些只是而且首先是质料，是恰好在某个地方被抓住、被使用并且在制造中被消耗的，进而通过造型（Formung）作为单纯的质料而消失的东西？在作品中得以显露的，难道不是前面讲的所有那些东西，是沉重、光泽、闪亮、音调，即"被掌握的"质料吗？抑或这难道不就是岩石的重荷与金属的光泽，树的高耸和韧性，白昼的光明与黑夜的幽暗，洪水的澎湃与树枝间的呢喃之声？我们可以怎么来命名之？当然不能称之为质料，即制作某物的工具。我们把这些不可赶超的丰富性（Fülle）的交响齐奏称为大地（Erde），而且，我们以此并不是指一种堆积起来的质料总体，不是指这个行星，而是指群山与大海、风暴与大气、白昼与黑夜、树与草、兀鹰与骏马的交响齐奏。这个大地——它是什么呢？是那个东西，它把持续的丰富性展开出来，但总是把这种被展开出来的东西撤回入自身之中，并把它扣留于自身中。石头负荷，显示其沉重，并且因此恰恰隐回到自己之中；色彩闪烁发光，但又保持着锁闭；声音响起来，但却没有进入敞开者之中。进入敞开者之中的东西恰恰就是这种自行锁闭，而且这就是大地的本质（das Wesen der Erde）。大地上的万物汇聚于一种交响齐奏之中，不过，在任何一个自行锁闭的物中，有着相同的自不相识。

作品把大地置造出来，把作为自行锁闭者的大地置入敞开者之中。作品并不是由作为一种质料的大地构成的，相反，作品经受大地，忍受大地的自行锁闭。由于作品于自身中如此这般地把大地提供出来，它就把自身置回入大地之中，也即置回入它坐落于其中的自行锁闭的基础中；这个基础，因为是本质性的和始终自行锁闭的，所以是一个离基-深渊。①

作品之作品存在中的两个基本特征，即作为有所耸突的世界之开启的建立与作为自行锁闭之大地的重新接合的保存的置造，两者在作品本身中并不是偶然地耦合起来，而倒是处于一种本质性的交互关联之中。但两个特征之所以成为它们所是的东西，只是由于它们建基于作品存在的本真的基本特征中——这个基本特征，是我们现在要加以命名的。

作品在有所耸突之际留下的世界，作为有所开启的护送而转向大地，它不能容忍任何锁闭之物、遮蔽之物。但作品在有所置造之际让蜂拥而来的大地，意愿在其自行锁闭中成为一切，并且意愿把一切撤回入自身中。但正因此，大地不能缺少有所开启的世界，它本身就应当在所

---

① 注意这里的"基础"（Grund）与"离基-深渊"（Ab-grund）之间的关系，可参照作者在差不多同一时期撰写的《哲学论稿（从本有而来）》（《全集》第65卷）中的相关讨论，中译本，孙周兴译，商务印书馆，2014年。——译注

有事物的自行锁闭和扣留的全部渴望中发出光芒。而世界又不可能飘然飞离大地，它本身应当作为世界化的护送（*Geleit*）把自己传送给一个可引导的东西。世界对立于大地，而大地对立于世界。世界与大地在争执（*Sreit*）中存在。不过，这种争执乃是两者反向的相互归属的亲密性（Innigkeit）。同时建立世界与置造大地，作品就是这种争执的实现过程。在这里，争执的实现过程并不是指争执的消除和克服，而倒是相反，是指对争执之为争执的忍受，实即成为这种争执本身。不过，争执不只是世界与大地相互陷入建立与置造之中这样一回事的后果，而不如说，因为作品在其规定之基础中就是这种争执的实现过程，所以作品挑起和保藏了争执。因为作品存在的基本特征是争执的实现过程，所以建立和置造就是这种存在的本质特征。但为什么作品在其存有（Seyn）的基础中必定是这样一种争执的实现过程呢？作品之作品存在即作品有这种情况，其根基何在？这就是对艺术作品之本源的追问。一旦我们已经充分地证明，作品作为争执的实现过程何以完全寓于它自身，也即是本真地起作用的，我们就接受了这个问题。

这种争执之实现过程是如何发生的呢？大地幽暗的酸涩与牵扯的沉重，大地未解开的拥挤和闪光，大地未道说的万物之缄默，一句话：大地自行锁闭的自我挥霍的严酷（Härte），又只有在一种严酷中被经受。而这就是轮廓、剖面图与基本图样的界限的严酷。①由于自行锁闭者必须被撕扯入敞开者之中，这个撕扯者本身就必须成为裂隙（Riß），成为牵扯的界限和关节（Grenze und Fuge）。在这里，在作为争执实现过程的作品存在的基本特征中，包含着我们所谓"形式"的必然性的基础。现在我们不是进一步探究"形式"之为"形式"的本源，我们要追问更为紧迫的东西：在这种争执之实现过程中，究竟什么被争得了？

如是说来，如果说作品是争执的实现过程，那么，作品就在开启大地之际使大地出离而进入一个世界之中。这个世界本身作为有所指示的护送而进驻入大地之中。但作品向前推动这种进驻的出离（einrückende Entrückung），并且开启出一个敞开者。这个敞开者乃是这个游戏空间（Spielraum）的中心，在其中，大地是世界性地锁闭的，而世界是大地性地敞开的。作品首先开启这个游戏空间，由此来为这个游戏空间建基。这个游戏空间乃是"此"之敞开状态（Offenheit des Da），事物与人类都进入这个"此"（Da）而持立，方得以经受这个"此"。

神庙这个建筑作品包含着神的形象，同时通过敞开的圆柱式门厅让神的形象站出来，进入那个领域，后者如此

---

① 此处出现的Umriß、Aufriß、Grundriß等均以Riß（裂隙）为词干，我们依次译为"轮廓""剖面图"和"基本图样"。——译注

这般首先作为一个神圣的领域得到了建基。耸突入一个世界之中,并且回归入大地之中,神庙开启这个"此",在其中,一个民族得以达到自身,也即进入其神祇的嵌合权力之中。大地通过作品才成为世界性的,并且作为这样一个东西而成为家园。同样地,在语言作品中也发生着命名和道说,事物的存有(Seyn)由此才得以达乎词语,随着可道说者,不可道说者(das Unsagbare)才得以达乎世界。在这样一种诗人命名中,对于一个民族来说,其关于存在者整体的宏大概念就得到了先行烙印。在建筑、道说和造型作品中,"此"(Da)被争得了,这个扩展的和有根基的中心,在其中而且由之而来,一个民族建立了它的历史性的居住——安家于存在者中,从而得以严肃对待存有的阴森可怕。①

作品存在之本质就在于建立与置造的争执的实现过程,这种争执的实现过程于自身中争得大地与世界的亲密性。

借着这样一种关于作品之作品存在的本质规定性,我们便赢得了一个方位,它使得一种关于艺术作品的源远流长的流俗观点的决断成为可能。据说艺术作品是关于某物的描绘。虽然人们渐渐放弃了以下意见,即认为作品是在

---

① 中译文未能传达这里的"安家"(einheimisch werden)与"阴森可怕"(das Unheimliche)之间基于词根的联系。——译注

映像和复本意义上对某个现成之物的模仿。但这样一来，关于作品乃是一种描绘的观点绝没有得到克服，相反只是被隐藏起来了；因为不论作品被看作"不可见者的象征"，还是相反地被看作可见者的象征，在这样的规定中每每都隐藏着那种无疑地被承认的先入之见，即认为作品的基本成就就是关于某物的描绘。

这种关于作品存在的阐释，其错误来源就如同那种片面的和仓促的描述，即把作品描述为一个被制作的物。根据后一种看法，作品首先——在此同时始终就是"真正地"——是一种有形式的质料，诸如一只鞋子或者一只箱子。但同时，艺术作品其实还应当超越它首先所是的东西，还要去道说某种不同的东西（ἄλλο ἀγορεύει）；被制作的物因此还与某种不同的东西结合在一起了（συμβάλλειν）。比喻和符号给出一个观念框架，①根据这个框架及其极为不同的变式，艺术作品被规定为一种比较高等的被制作的产物。

这种从一开始就已经犯错的关于艺术作品的观念进而还继续被某些规定弄混乱了，而这些规定同样还得追溯到质料与形式的区分。因为质料被等同于感性之物（das Sinnliche）。在这种作为"艺术要素"的感性之物中，非

---

① 此句中的"比喻"（Allegorie）与"符号"（Symbol）在词源上与前句提到的希腊文 ἄλλο ἀγορεύει［换言之、打比方］和 συμβάλλειν［结合］相关。——译注

感性之物和超感性之物得到了描绘。如果说在这里质料被当作感性之物,那它就被看作落入感官之物[①],后者通过感觉及其工具而成为可通达的。关于质料本身以及它与作品存在的归属方式,这里却根本没有说出什么来。此外,这种关于所谓质料的通达方式的规定是不真实的;因为一块石头的负荷,一种颜料的阴郁,一个词序的声响和流动,我们对它们的经验诚然不可没有感官,但绝不是仅仅通过感官就能真正完成的。在其自行锁闭的丰富性中的大地——尽管上面的描述已经说出了些什么——同样既是感性的又是非感性的。

对"感性的"这个规定的采纳,就如同与之相配的质料规定性一样,都不能切中作品之作品存在中某种本质性的东西。但两者在某种限度内是正确的和有说服力的。而且,感性与超感性之区分因此很快就成为关于作品以及一般艺术所做的多样的在比喻和象征意义上的解释尝试的主导引线。甚至在那里,在质料与形式之区分首次对整个后续的西方关于存在者的态度来说变成决定性的地方,也即在柏拉图那里,质料就已经被看作是感性的,同时又是低等的东西,相比之下,理念则是非感性的崇高的东西。然后在基督教思想的领域里,感性作

---

① 此处"落入感官之物"原文为 das Sinnen*fällige*,我们完全根据字面直译。日常德语中有形容词 sinnfällig 一词,意为"明白易解的、显著的"。——译注

为低等的东西偶尔甚至成了必须被克服的令人厌恶的东西。作品因此就要操心对感性的驯服以及对在其中得到描绘的崇高的东西的弘扬。不论这种对感性的贬低是特别地得到执行，还是被拒绝了，关于某物的描绘始终被当作作品的唯一成就。然而，艺术作品并不描绘什么；而且这是基于唯一的和简单的原因，原因在于它没有什么东西可描绘的。因为作品在世界与大地的争执的实现过程中向来开启了这种争执实现过程及其方式，作品由此就首先争得了敞开者、澄明（Lichtung）——在澄明之光亮中，存在者之为存在者犹如在第一天或者——如果已经变得日常的话——经过转换而与我们照面。作品不能描绘什么，因为作品根本上从来不朝向一个已然持立的对象性的东西——诚然，前提是，它是一件艺术作品，而不是一个仅仅模仿艺术作品的产品。作品从不描绘，而是建立（aufstellt）——世界，置造（herstellt）——大地；而且作品之所以是这两者，是因为它是那种争执的实现过程。借助于这种争执的实现过程，作品才起作用，才径直只是（ist）它自身——此外无他。

但作品究竟如何本真地存在（ist）？作品具有何种现实性？

直到今天，尽管有各种各样的变种，但那种又是由柏拉图发起的关于艺术作品之现实性的阐释一直都占据着支配地位。在这里，又是那种关于艺术作品作为一个被制作的物的预先规定具有决定性意义。与自发地现成之物和"自然地"生长物相比较，由人力制作的东西无论如何都是某种事后追加的东西，尤其是在它模仿自然物之际；因为自然物本身已经是那种被柏拉图称为"理念"（Ideen）的范本或样本的摹本。被制作的东西，因而也包括艺术作品，成了对一个范本的摹本的模仿。而且因为理念是真正存在者，是事物真实地所是的东西，所以作品只不过是一种回响，真正讲来是不现实的。但如果人们区别于柏拉图，试图通过某些道路来取消这种对作品之现实性的贬低，那么，面对作品的感性特性，我们就必须提出如下相反的情况，即作品其实表现①了一种非感性的"精神"内涵。有了这种表现或描绘，艺术作品其实就比日常手工事物"更具理念性"，或者说更具精神性。它从其周围突显出来，并且为"一种精神气息"所萦绕。因此，艺术作品就摆脱了现成之物的现实性。作品的领域乃是这样一个假象领域；这意思并不是说："粗暴的欺骗"——这其实是容易设想的；因为一座立像的有形式的大理石块使我们受骗上当，让我们误以为这是一具活的身体，而实际上这只是一块冰冷的石头而已。作品之所以是一个假象，是因为它本身不是它所描绘的东西，但它却是一个合理的假象，因为它在描绘中其实是使一种感性的精神性的东西显露出

---

① 此处"表现"（darstellen）或可译"描绘"。——译注

来了。

有了上面这些关于艺术作品之现实性的阐释,艺术作品的现实性就从一种非现实性被推入另一种非现实性之中了。一边说作品尚未像现成事物那样是现实的,另一边又说作品不再像现成事物那样是现实的。每一次,日常事物的现成存在作为真正的现实性都保持为决定性的东西;以此来衡量,艺术作品不论这样还是那样被阐释,就都是非现实的。而且实际上,关于所有这一切,相反的情形倒是真实的。神庙耸突于某个高山余脉上或者某个岩谷里,立像矗立在神圣区域里,这些作品在许多其他事物中间:大海与山地,泉水与树林,兀鹰与长蛇,不光有可能也是现成的,而更应该说,它们在事物之显现的被照亮的游戏空间中占据着中心——它们比任何事物都更具现实性,因为对它们来说,每个事物都只有在由作品争得的敞开者中才能作为存在者昭示自己。在我们民族的语言中,荷尔德林的诗歌——尽管难以猜度——比所有戏剧、电影和蹩脚诗都更具现实性,比人们——举例说来——把书店和图书馆安置于其中的那些房子更具现实性,虽然这些房子里清清楚楚地陈列着这位诗人的文集卷本。荷尔德林的诗歌之所以比所有这些更具现实性,是因为这诗歌为德国人提供了他们的世界与他们的大地的尚未踏入的中心,并且为他们贮备了伟大的决断。

是的,作品存在的最本己本质恰恰就在于,它从来都不能根据总是现成的东西以及被认为真正现实的东西来衡量，而毋宁说，它本身就是存在者与非存在者的标尺（Richtmaß）。所以，没有什么合乎时代的作品是所谓的艺术作品，而不如说，只有那些作品才是艺术的作品，它们如此这般地发挥作用，即它们使它们的时代合乎自己（sich gemäß），并且使它们的时代发生转变。

作为一种历史性的此-在（Da-sein）之"此"（Da）的有所开启的中心，作品比所有其他存在者都更具现实性。

每一件艺术作品的那种孤独乃是一个标志，标明它在争执的实现过程中耸突入它的世界之中，而且是在回归入大地而憩息之际进入它的世界中。作品的矗立乃是回归自身而站立的被抵制的非纠缠状态（Unaufdringlichkeit）。但这并不意味着，作品已经脱离了庸常的现实性；这是不可能的，因为作为现实性之震撼和反驳，作品恰恰被前移入这种现实性之中了。然而，一件作品越多地达到人们所谓的"效果"（Wirkung），它就必定能越孤独地保持。如果它缺乏这种力量，那它就不是一件艺术的作品。

上面寥寥几点粗糙的提示原是要远远地指示作品之作品存在。要紧的是由此赢获一个关于作为作品（Werk）的艺术作品（Kunstwerk）的先行概念。如果我们现在试图在追问艺术作品的本源的道路上走出一步，这个先行概念当能引导我们。

二 艺术作为作品之本源

把世界与大地的争执的实现过程刻画为作品之作品存在的基本特征，这种做法已经要求我们追问：为什么这种争执的实现过程是作品存在的本质？让我们现在接过这个迄今为止一直都被往后推移的问题吧。抢先给出的回答是：作品的作品存在之所以具有争执的实现过程的基本特征，是因为而且只是因为作品是"这种"①艺术的作品。"这种"②艺术吗？它在哪里又是如何存在的？"这种"艺术究竟在什么时候和什么地方自在地持存呢？然而在我们追问"这种"艺术是否以及如何存在之前，我们先要澄清，它究竟是什么。莫非"艺术"一词始终只不过是一个表示所有在艺术产业中出现的东西的集合名词，抑或"艺术"干脆向来就只是作品本身？两者都不是。的确，我们再也不能空洞地提出"艺术是什么？"这个问题了。我们追问：作品之作品存在在哪里有其根基？这时候，我们是在寻求在争执的实现过程中真正发生出来的那个东西。要紧的是这样一个问题：在作品中首先和最后发挥作用的是什么？通

---

① 此处"这种"为第二格定冠词 der。——译注
② 此处"这种"为第一格定冠词 die。——译注

过如此这般的追问，我们便知道，我们这是在绕圈子。

作品——持留于自身，回归入自身并且因此持存着——开启出"此"（Da）即敞开者的中心，存在者之为存在者站入敞开者之澄明中并且在其中显示自己。与大地之自行锁闭一体地，这个敞开者于自身中包含着一个世界的启显（Aufbruch）。大地作为自行锁闭者进入敞开者中。世界变成无遮蔽的，大地则锁闭自己，但却在敞开者中。而且，由于自行遮蔽与自行解蔽的敞开冲突的这种亲密性发生出来，迄今被当作现实之物的东西便作为非存在者而变成可敞开的了。到白昼了，也即进入敞开者中了，以往占支配地位的一直都是对存在者的掩盖、伪装和扭曲。如此这般地在争执的实现过程中发生的东西：对无蔽者与遮蔽者之冲突的敞开状态的开启，对掩盖和伪装的摆脱，——这种于自身中嵌合的发生事件（Geschehen）乃是我们所谓的真理（Wahrheit）的发生事件。因为真理的本质不在于一个命题与一个实事的符合一致，而毋宁说，真理乃是这样一个基本事件，即存在者之为存在者的敞开状态的开启事件。因此按本质来讲，真理包含着遮蔽者和自行遮蔽（神秘①），同样包含着掩盖、伪装和扭曲——非-真理（Unwahrheit）。

---

① 在《艺术作品的本源》中，海德格尔是存在本身的遮蔽意义上讲这里的"神秘"（Geheimnis）的。——译注

在作品之为作品中，真理之发生在发挥作用，也即说，真理在作品中设置入作品。真理之设置入作品，就是艺术之本质，①这是始终有待思量的，在这里并不是指无论何种真理，一个个别的真实之物，诸如一个思想和命题，一个理念或者一种价值，它们好比被作品"描绘"出来，而毋宁说，真理意指真实之物的本质，每一种敞开者的敞开状态。诚然，我们借此只是赢获了对作品存在中的艺术之本质的初步指示（Anzeige）。在艺术中发生的是作为存在者之可敞开性的真理。但还没有证明，艺术是作品的本源以及如何是作品的本源。在一种先行概念中，我们以"本源"来命名作品之作品存在在其必然性中所必需的那种基础。

艺术乃是真理的设置入作品。②于是情形就是：一方面是作品，另一方面是真理。而且真理是通过艺术而被移植入作品之中的。事情绝非如此；因为作品并非在真理面前持存，真理也不是在作品面前持存的，而不如说：由于出现了作品，真理才发生了。然而，决定性的问题在于，为了真理之发生，为什么必须出现作品？

---

① 此句中的"设置入作品"原文为Die Ins-Werk-Setzung，我们完全按字面含义翻译，其实也可处理为"开始作业"。——译注

② 此句原文为：Die Kunst ist das Ins-Werk-Setzen der Wahrheit。在后来的稿本中，海德格尔显然有所改变，表达为：存在者的真理自行设置入作品（das Sich-ins-Werk-Setzen der Wahrheit des Seienden）。参看海德格尔：《林中路》，中译本，孙周兴译，商务印书馆，2015年，第23页。——译注

如果说真理首先借助于作品、在作品之中才达乎作品①,而不是在某个地方预先现成的,那么,真理就必定会生成(werden)。对存在者之敞开状态的开启从何而来?难道来自虚无(das Nichts)?确实如此——如果所谓非存在者(das Nichtseiende)指的是那个现成之物,它进而通过作品仿佛作为被认为真实的存在者而受到反驳和震撼,那么事情就是如此。从这种已然现成之物中,是绝不能解读出真理的。而毋宁说,存在者之敞开状态的发生,乃由于它被筹划,也即被诗意地创造②。一切艺术本质上都是诗(Dichtung),也即那个敞开者的打开(Aufschlagen),在此敞开者中,一切存在遂有迥然不同之仪态。凭借这种诗意创造的筹划,通常之物和过往之物便成为非存在者(das Unseiende)。诗并非对任意什么东西的异想天开的虚构,并非进入非现实领域的悠荡飘浮。作为筹划的诗在区分之际所开启(先行抛投)的东西,即这个敞开者,让存在者之为存在者进来,并且使之发光。

作为敞开状态的真理发生于筹划中,发生于诗中。作为真理的设置入作品,艺术本质上是诗。然而,把建筑艺术、绘画艺术、音乐艺术都归结为诗(Dichtung)、"诗歌"(Poesie),这难道不是纯粹的独断么?倘若我们想从

---

① 此句中出现了三个"作品"(Werk): *mit* dem Werk und *im* Werk ans Werk kommt。——译注

② 此处"诗意地创造"原文为dichten,或译"作诗"。——译注

语言艺术出发，把上面所说的各类"艺术"阐释为语言艺术的变种，那么情形就是如此。但语言艺术，"诗歌"，本身仅只是筹划的一种方式，只是这种特定的，但宽泛意义上的诗意创造（Dichten）的一种方式。但是，尽管如此，语言作品，即狭义的诗（Dichtung），在整个艺术领域中是占有突出地位的。人们习惯于总是在艺术家及其作品那里，例如在建筑作品和绘画作品那里，确定一种"形式语言"。为什么在一个建筑作品中有"语言"？现在，语言其实就是"表达"。而恰恰这个东西，即"表达"，其实也是艺术。因此，一切艺术都是"语言"。而因为语言艺术被叫作"诗"，所以一切艺术就都是诗。关于作为诗的艺术的本质规定，或许不可能有比上面这样的"说明"更粗糙的误解了。关于这些"说明"的不可靠性的证明，可以解说艺术是诗这个命题的真正意义。

我们先得承认，关于作为表达的艺术的规定是有其正确性的。说艺术是表达，这种说法就像说"摩托车是制造噪声的东西"一样，是无可争辩的。每一个技师都会因为这样一种关于机械的本质规定而哈哈大笑。但当人们长期以来唠唠叨叨说艺术是"表达"时，却没有人会笑。诚然，雅典卫城[①]是古希腊人的表达，瑙姆堡大

[①] 雅典卫城（Akropolis）：希腊最著名的古建筑群，始建于公元前580年，面积约3公顷，位于雅典市中心的卫城山丘上。其中最早的建筑是雅典娜神庙和其他宗教建筑。——译注

教堂①是德意志人的表达，咩（Mäh）——是羊群的表达。是的，艺术作品正是一种特殊的表达，也就是一种特别的咩——可能吧。但作品之所以是作品，却不是因为它是表达，相反，表达之所以是表达，是因为它是一件作品。因此，把作品刻画为表达，这种做法不仅对于作品存在的规定毫无助益，而且已经禁阻了任何一种关于这种存有（Seyn）的真正追问。

然而，上面这种极度正确、实质空洞的关于作为表达的艺术的说法，甚至也不适合于语言。虽然语言是用于相互理解的，是用于会谈和约会的。但语言不只是而且不首先是要被传达的东西的声音表达和文字表达，不只是而且不首先是真实的和不真实的东西，也即可敞开的或者被伪装的存在者（作为可敞开的或者被伪装的东西）的声音表达和文字表达。语言不仅传达可敞开者，并且不只是仅仅把这种可敞开者运送得更远，而不如说，预先地和本真地，语言的本质就在于，它首先把存在者之为存在者提升入敞开者之中。在没有语言的地方，比如在石头、植物和动物那儿，便没有存在者的任何敞开性，因而也没有不存在者、非存在者和虚空的任何敞开性。由于语言首度命名事物，这种命名才把存在者带向词语和显现。这种命名

---

① 瑙姆堡大教堂（Naumburger Dom）：德国萨克森-安哈特州瑙姆堡的一座著名教堂，始建于1028年，融合了晚期罗马式建筑和哥特式建筑的特征。——译注

和道说乃是一种筹划，它宣告出存在者作为什么东西而敞开。这种筹划着的宣告（Ansagen）同时也是对一切阴沉的纷乱的拒绝（Absage）。筹划着的道说就是诗，世界和大地的道说，因而也是诸神的切近和遥远的游戏空间的道说。这样一种道说，作为一个民族的原诗（Urdichtung），乃是原语言（Ursprahce）；在其中，一个民族的世界向它涌现出来，它的大地作为它自己的大地开始自行锁闭。诗是语言的本质，唯因此诗也才能成为"表达"。但艺术和艺术作品并不是一种语言，而倒是相反地：语言作品乃是艺术的基本形态，因为艺术就是诗。狭义的诗，即诗歌，保持着艺术（广义的诗）的基本形态，但却是因为在诗意创造的道说（Sagen）中，这个敞开者为人类此在而得到筹划，并且为人类此在所占有；而在这个敞开者中，存在者之为存在者得以展开和保藏。与之相反，建筑和绘画始终只发生在道说①的已然敞开者中，恰恰因此，作为艺术之道路从来都不是语言，而是一种向来本己的作诗（Dichten）。

不过，把诗的本质规定为筹划，这种做法并没有穷尽诗的本质。若没有对诗即艺术的全部本质的考察，我们也就不能把握真理的生成（das Werden der Wahrheit）。首要

---

① 此处"道说"原文为die Sage und das Sagen，即使用了名词的die Sage和动名词的das Sagen。——译注

地，我们没有理解，对于真理之生成来说，何以诸如作品这样的东西是必然的。(作品之必然性的基础向来就是它的本-源①。)

诗的全部本质在下列命题中显露出来：诗——艺术的本质——是存有之创建（*Stiftung des Seyns*）。也即说，诗并不是存在者之生产。但什么叫存有（Seyn）——这个区别于我们跟着命名的存在者的存有呢？这个存在者在此，这架管风琴，我们把握它，有别于比如一只猫来把握它。管风琴存在（*ist*）。但我们却难以把握这种存有（Seyn），尽管我们同样确定一点，即这架管风琴存在而不是不存在，正如我们知道，这是一架管风琴而不是一只猫。但我们已经更喜欢接受管风琴和猫，把存有托付给哲学家了。然而，尽管有所有这些情况，对于许多健康的人类理智及其接近现实的特性来说，有什么比存有更切近于我们的呢？倘若没有存有，管风琴和猫以及其他所有东西"会是"（*wäre*）什么呢？但为了使存有不至于成为一个单纯的词语——尽管有种种不可思议的状况，但它其实也从来都不是这样的词语，有一个指示可以作为权宜之计：当我们把握那种总是一再提到的在诗意筹划中显现的敞开状态时，我们是在猜度存有及其概念。存有乃是那个东西，存

---

① 作者在此对"本源"作了分写，写作 Ur-sprung，我们译为"本-源"。——译注

在者向来作为这个东西——以及如何——向我们敞开与遮蔽。存在者只有借助于我们本质上为存有而存在才自在地（*an sich*）存在。

意愿直接地（比如在一个命题中）道说存有具有何种本质，这已经意味着对这种本质的错误认识。恰恰因为存有绝不能像某个现成的存在者那样被出示，所以才需要存有之创建。

创建（Stiftung）说的是一个于自身中统一的三重体。首先，创建（Stiften）是一种赠予（Schenken），即自由的赠礼。其次，创建是树立（Errichten），把某物设置于一个基础上，即建基（Gründen）。最后，创建是发起某个东西，即开端（Anfangen）。当我们把作为诗的艺术命名为存有之创建时，我们必须从中听出赠予、建基和开端之义，并且加以一体的理解。

现在，作为赠予即自由的赠礼，创建恰恰意指那个东西，它预先已经作为诗的特征而被提出来了，那就是对作为"异乎寻常"（Anders wie sonst）的敞开者的筹划。筹划释放出某个东西，这个东西不仅绝不会从现成之物和寻常之物中出现，而且通过现成之物也是绝不可能被弥补的。筹划是作为赠予的创建。那么，作为建基和开端的创建意指什么，以此所命名的东西本质上是如何与筹划共属一体的？

作为敞开状态的真理始终是"此"（Da）之敞开状态，

一切存在者和非存在者都站入这个"此"之中，又从这个"此"而来作为自行锁闭者撤回自己。所以，"此"本身植根于这个幽暗的离基深渊（Abgrund）。但这个"此"——它是如何存在的？谁来承担此任——成为这个"此"呢？答曰：人——不是作为个体，也不是作为群体。根本上，只有当人类预先承担这个"此"，也即置身于作为存在者和非存在者的存在者中间，亦即与存有之为存有相对待，这时候，上面这两种人类存在的方式才是可能的。这种成为"此"的方式，我们称之为历史（Geschichte）。由于人类是这个"此"，也即是历史性的，人类便成为一个民族。在诗意创造的筹划中，那种"异乎寻常"不是简单地被开启出来，而不如说，因为敞开状态始终是"此"的敞开状态，所以它预先就被投向这个"此"或者这个"此"所是的东西，这就是说，诗意创造的筹划被投向历史性的此-在（Da-sein）。这个在其敞开状态中的"此"，只有当它基于那种进入某个使命中的移离（Entrückung）以及对共同被赋予者的保存（Bewahrung）而被承担起来和被经受住时才存在，也即才是历史。只有当一个民族承担起成为这个"此"的使命，从而变成历史性的之际，这个"此"才存在。这个"此"本身绝不是一个普遍的"此"，相反向来是这个"此"和一个唯一的"此"。民族始终被投入它的"此"中了（诗人荷尔德林）。但这种投向（Zuwurf）是在它真正地是诗的时候才存在的。不过，如果筹划是诗，那么，投向就绝不会是一味任意专横的苛求，而是此在作为历史性的此在已经被投入其中的那个东西的开启。一个民族被投入的地方，始终就是大地，是这个民族的大地，是被抛投的"此"坐落于其上的自行锁闭的基础。筹划本质上就是投向，只有当它把自己的敞开者从遮蔽的基础中取出来，只有当它身上的使命根本上作为遮蔽的，因而有待解蔽的规定一道被给予时，筹划才抛投（entwerft）。在筹划中，那种"异乎寻常"进入敞开者之中，但这种另类异常（Anders）根本上不是陌异者（das Fremde），而只是历史性此在的迄今为止被遮蔽的最本己的东西。筹划来自虚无（das Nichts），只要它并非来源于通常之物和过往之物；筹划又并非来自虚无，因为它作为投向的筹划把遮蔽的、被储存的规定取了出来，把后者当作一个基础摆放出来并且特别地加以建基。作为有所赠予的筹划，创建本质上同时就是这种建基。只有当筹划是一种有所建基的筹划时，敞开状态才能成为"此"的敞开状态，真理之为真理才能发生。但筹划之为建基性的，乃由于它参与到这个自行锁闭者即大地中。大地必须进入敞开者之中，而且是作为自行锁闭者，也就是在它与被抛投的世界的逆反状态中。因为作为诗的艺术是创建，是有所抛投的建基，所以艺术就必须如此这般来创建和设置敞开状态即真理，使得真理进入那个争得大地与世界之冲突的东西之中而持立——这个东西就是作品。真理只作为"此"之敞开状态而发生，它只在作品中才发挥作用。作为存有之创建,艺术的本质乃是作品之必然性的基础。作品之存有并不在于,作品作为一个被生产的存在者是现成的,相反,作为争执的实现过程而获得了"此"之敞开状态,并且让人类历史性承担了存有。(因此,作品确实具有那种别具一格的特征,即它在耸突之际退回入自身中,从所有一味现成之物中撤回了自己。)

艺术的本质是艺术作品的本源。艺术存在不是因为有作品,而不如说,当艺术存在而且只要艺术存在,作品就必定存在。但在何种意义上以及为什么艺术必须存在呢?艺术的本质在于,不是在思想上用概念去道说真理,不是在本质性的行为中把真理带向行动和姿态,而是把真理设置入作品。艺术以自己的方式让真理脱颖而出,是一种让一跃而源出(Entspringenlassen),一个本源。艺术在其最内在的本质中乃是本源,而且只是本源。艺术并非首先是某个他者,然后也是本源,相反,因为艺术本质上是让真理一跃而源出,所以它同时也是作品之必然性的基础。艺术之所以是本源以及作品之可能性和必然性的基础之意义,只是因为艺术是"源始"意义上的本源。

然而,莫非真理即"此"之敞开状态,必须以这样一种方式发生,即它源出于作为艺术的本源?当然啰,因为作为存在者之敞开状态,真理同时也总是遮蔽状态,即大地的锁闭状态。真理本质上是大地性的。但因为这个根据艺术所必需的作品——而且只有此作品——源始地把大地作为自行锁闭的大地置入与被抛投的世界的争执之中，所以作品即艺术就必然地是真理之发生。艺术作品之必然性的最隐蔽的基础，它最本真的本源，乃是真理本身的本质。如果真理要发生，也即说，如果历史要存在，那么作品就必须存在，也就是说，艺术必须作为存有之创建而存在。

因为创建不只是具有释放作用的筹划，不只是把锁闭的基础取出来的建基，而同时也是开端（Anfang）。创建挑起本源。但一个本源只能作为跳跃（Sprung）而开端。艺术之开端是突如其来的，这并不排除而是包括了如下情况，即它是最漫长和最隐蔽地得到准备和酝酿的东西。作为开端的跳跃始终是那种领先（Vorsprung），在此领先中，凡一切后来的东西都已经被越过了，哪怕还是被掩蔽的东西。开端绝不是在原始之物意义上草创的，确实，原始之物之所以如是被称呼，只是因为它不能从自身中释放出什么跟随的东西。但很可能，开端始终是开端性的（anfänglich），不是出于所达到的东西的贫乏，而是基于在其中被锁闭的东西的丰富性。正如每一个本源均有自己的开端，每一个开端也都有自己的肇始。① 这就是

---

① 此处难以区分"开端"（Anfang）与"肇始、开始"（Beginn），两者在日常德语中没有多大区别。——译注

那个东西，它作为一个已经被发现的东西乃是始终突发而来的开端开始的所在。肇始恰恰是这个或者那个，这就需要一个动因（Anlaß）。而且，这个动因始终是一种偶然（Zufall），也即在开端之光亮和显露领域里是偶然的——这个开端乃作为一个本源的跳跃，也即作为存在者之敞开状态的真理从中源出的本源的跳跃。这个开端发生之际，历史便开端了。一个民族的艺术之开端始终是它的历史的开端，而对于终结亦然。所以，并不存在史前的艺术，因为历史已经随着艺术开端了，艺术仅仅作为历史性的艺术才向来是这种艺术或者不是。并没有"这种艺术"（*Die* Kunst）本身。在史前史中却有史前艺术（Vorkunst），它的产物既不只是器具作品（工具），也并不就是艺术作品了。[1]但在史前艺术中却鲜见一种向艺术的渐渐过渡，不同于从史前史向历史的过渡。这里始终有一种开端之跳跃，恰恰在人们原则上放弃使这种跳跃现在终于变得可理解，也即放弃把它归结为熟知之物时，人们就理解了这种开端之跳跃。但按其本质来讲，本源之跳跃依然是神秘（Geheimnis），因为本源乃是那种基础（Grund）的一个方式，这种基础的必然性，我们必须称之为自由（Freiheit）。

---

[1] 此句中的"器具作品"（Zeugwerk）、"工具"（Werkzeuge）和"艺术作品"（Kunstwerk）的字面联系和区别。——译注

作为真理之设置入作品，艺术之本质乃是艺术作品的本源。这个本源是多么源始，因而是多么难以达到，因为我们总是——即便在这些通道中亦然——遭受着本质之非本质①。某物的本质越是源始，同时出现的非本质连同它的潜滋暗长的胡搅蛮缠和顽冥不化也就愈加严酷。

关于本质的知道（Wissen）只是作为决断的知道。在有关艺术的追问中必须做出决断：艺术对我们来说是本质性的吗？艺术是一个本源，因而是一种进入我们的历史性此在之中的有所创建的领先吗？是一种领先，抑或只还是一个附庸（Nachtrag），一个作为现成之物的"表达"而伴生，并且为了装饰和逗乐、为了休养和激动而受到继续推动的附庸？

我们存在于作为本源的艺术之本质的近旁，抑或我们并没有？如果我们并没有存在于本源之近旁，那么，我们知道这一点吗？或者我们并不知道，而只是在艺术产业中蹒跚而行？如果我们并不知道这一点，那么头等大事便是，我们得振奋起来，去知道这一点。因为弄清楚我们是谁以及我们不是什么，这已经是进入本源之近旁的决定性跳跃。唯有这样一种切近才能担保一种真实地被建基的历史性此在，使之成为在这片大地上的真正的根基持存性

---

① 这里的"非本质"（Unwesen）在日常德语中意为"捣乱、胡作非为"。——译注

(Bodenständigkeit)。因为——荷尔德林的这个诗句给出了结论:

依于本源而居者
终难离弃原位。

(《漫游》)

雷克拉姆版导论[1]

伽达默尔

如果我们今天来回顾两次世界大战之间的那个时代，我们就能看到，我们这个世纪的旋风般事件的这一间歇期，乃是一个精神上异常多产的时代。在第一次世界大战的巨大灾难之前，特别是在绘画和建筑艺术中，已可明见即将到来的东西的一些征兆。但一般说来，只是随着第一次世界大战的重武器战役给自由时代的文化意识和进步信念带来的严重震撼，普遍的时代意识才发生了转变。在时代哲学中，普遍的生活情感的转变表达在，19世纪下半叶从康德的批判唯心论的复兴中成长起来的主流哲学一下子显得不可信了。"德国唯心论的崩溃"——正

---

[1] 本文系海德格尔的弟子、著名阐释学家汉斯-格奥尔格·伽达默尔于1960年为雷克拉姆出版社出版的《艺术作品的本源》特别版本所撰写的"导论"。后以《艺术作品的真理》(Die Wahrheit des Kunstwerks)为题收入《伽达默尔文集》第三卷中，图宾根，1987年，第249—261页。——译注

如保罗·恩斯特[①]在当时卓有成效的一本书中所宣告的那样——通过奥斯瓦尔德·斯宾格勒[②]的《西方的没落》而被置入一个世界历史的视野中了。在实施对主流的新康德主义的批判工作的势力当中,有两个强大的先驱人物:一是弗里德里希·尼采对柏拉图主义和基督教的批判,二是索伦·基尔凯郭尔对思辨唯心论的反思哲学的著名抨击。针对新康德主义的方法意识,当时提出了两个新口号:一是生命之非理性的口号,特别是历史性生命的非理性的口号,对此,人们可以提到尼采和柏格森,但也可以提到威廉姆·狄尔泰这位伟大的哲学史家;二是实存(*Existenz*)的口号,这个口号是从基尔凯郭尔的著作中响起来的,这位19世纪上半叶的丹麦哲学家现在首先通过迪特里希(Dieterich)的翻译,已经在德国产生了影响。正如基尔凯郭尔批判黑格尔,说黑格尔是一位遗忘了实存(Existieren)的反思哲学家,同样地,人们现在批判新康德主义方法论的自鸣得意的体系意识——这种新康德主义方法论使哲学完全效力于一种对科学认识的奠基工作了。而且,正如基尔凯郭尔作为基督教思想家来反对唯心论哲学,现在也正是所谓辩证神学的激进的自我批判开启了一

[①] 保罗·恩斯特(Paul Ernst, 1866—1933):德国作家、哲学家,著有《德国唯心论的崩溃》(1911)等。——译注

[②] 奥斯瓦尔德·斯宾格勒(Ostwald Spengler, 1880—1936):德国历史哲学家和文化史家,以《西方的没落》(1918)著称。——译注

个新时代。

在为对自由的文化虔诚和主流的讲台哲学的普遍批判提供哲学表达的那些人物当中,有一位革命性的天才就是青年海德格尔。海德格尔作为弗莱堡大学青年讲师的出现,在第一次世界大战后的最初几年里,委实具有划时代的意义。在弗莱堡大学讲台上响起的非同寻常的、充满力量而又十分厚重的语言,已经透露出一点:这里开启了一种哲思的原创之力。然后,海德格尔于1923年赴马堡大学担任教职,与同时代的新教神学有了卓有成效的和充满张力的接触;由此形成了海德格尔的主要著作《存在与时间》①,这本著作在1927年出版,一下子就使广大公众获得了某种新精神,那是根据第一次世界大战的震荡落到哲学身上的新精神。人们当时把这种激动人心的哲思的共同点命名为实存哲学。这些批判性的情绪,针对老一辈受到保护的教养世界的激情反抗的情绪,针对越来越强烈地千篇一律化的工业社会及其操纵一切的信息技术和舆论造成对全部个体生活方式的敉平过程的反抗情绪,这些情绪从海德格尔体系性的处女作而来给予同时代的读者猛烈的刺激,可谓当头一棒。海德格尔把此在的本真性概念——此在意识到自己的有限性,并且有决心接受本真性——与

---

① 参看海德格尔:《存在与时间》(修订译本),中译本,陈嘉映、王庆节译,商务印书馆,2016年。——译注

作为非本真性之沉沦形式的"常人"、闲谈、好奇对立起来。借助于实存的严肃性,人类古老的死亡之谜在此被推到了哲学沉思的中心;这种实存的严肃性是一种冲击力,对其实存的本真"选择"的召唤借此粉碎了教育和文化的假象世界,它犹如一种突破,侵入了得到完好保护的学院的宁静气氛。而且,这并不是学术界的一个极端的门外汉的狂妄之声,不是一个基尔凯郭尔和尼采式的大胆冒险的特殊实存的腔调,而是来自当时在德国大学里存在的最正派和最认真的哲学学派的弟子的声音,也就是埃特蒙特·胡塞尔的现象学学派的弟子的声音——胡塞尔现象学坚持不懈的目标是对作为严格科学的哲学的论证。海德格尔的新哲学成就也服从现象学的口号"面向实事本身!"不过,这个实事乃是最隐蔽的、作为问题最多地被遗忘的哲学问题:什么叫存在?为学会追问这个问题,海德格尔走上了在存在学上积极地规定在自身中的人类此在的道路,而不是借助于以往的形而上学,从一个无限的、始终存在着的存在出发把人类此在理解为一味有限者(das Nur-Endliche)。对海德格尔来说,人类此在的存在赢得了存在学上的优先地位;而这种优先地位决定了他的哲学是"基础存在学"①。海德格尔把有限的人类此在的存在学上的规

---

① 原文为Fundamentalontologie,通译为"基本本体论"或"基础存在论"。——译注

定性命名为实存的规定,即实存范畴(Existenzialien),并且以方法上的坚定性,用这些基本概念去对抗以往形而上学的基本概念,即关于现成在手之物的范畴。当海德格尔重新唤起存在的意义这一古老问题时,他不想视而不见的情况就是,人类此在的本真存在并不在于可固定的现成在手状态(Vorhandenheit),而是在关照①的运动状态中,以此关照,此在忧心于自己的存在而成为它本己的将来。人类此在的别具一格之处在于,此在朝着自己的存在来理解自己。人类此在不能让关于其存在的意义问题搁置下来;而为人类此在的有限性和时间性之故,关于存在之意义的问题在他看来是在时间境域中得到规定的。科学在考量和测量之际确定为存在者的,即现成在手之物(das Vorhandene),就像要超越一切人性来进行阐释的永恒之物一样,必须从人类时间性这一核心的存在确定性出发来理解。这是海德格尔的新努力。然而,海德格尔要把存在作为时间来思考的目标依然如此隐蔽,以至于《存在与时间》之所以被称为阐释学的现象学,恰恰是因为自我理解乃是这种追问的真正基础。从这个基础出发来看,传统形而上学的存在理解就证明自己为一种源始的、在人类此在中被实现的存在理解的沉沦形式。存在不只是纯粹的在场

---

① 在汉语学界,前期海德格尔哲学的基本词语"关照"(Sorge)也被译为"烦""操心"等。——译注

状态和当前的现成在手状态。有限的-历史性的此在在本真意义上"存在"(ist)。进而，在此在的世界筹划中，上手之物（das Zuhandene）便有了自己的位置——而且最后，一味现成在手之物(das Nur-Vorhandene)才有了自己的位置。

不过，从有关自我理解（Sichverstehen）的阐释学现象出发，现在还有一些存在形式没有自己恰当的地位，它们既不是历史性的，也不仅仅是现成在手的。不只是简单的可固定的数学事态的无时间性，在自己的循环中不断重复的自然的无时间性（自然也贯通和支配着我们本身，并且从无意识之物而来规定着我们），最后是跨越全部历史间距的艺术彩虹的无时间性，这些似乎标志着海德格尔的新努力所开启出来的阐释学的阐释可能性的界限。无意识、数、梦、自然的主宰、艺术的奇迹——所有这些似乎只在历史性地认识自己，并且根据自身来理解自己的此在的边缘，仿佛以某种边缘概念的方式才是可把握的。

因此，当海德格尔于1936年在几个演讲中讨论艺术作品的本源时，就不免让人惊奇了。尽管这篇文章到1950年才作为文集《林中路》的第一篇文字而公之于众，但它的影响却早就开始了。因为长期以来情形都是，海德格尔的讲座和演讲普遍受到人们急切的兴趣，并且通过抄件和报道获得了广泛的传播，由此也迅速把他推入关于他本人的十分辛辣讽刺的闲言碎语中了。实际上，这几个关于艺术作品之本源的演讲意味着一个哲学轰动事件。这不光是因为，艺术现在被纳入在其历史性中的人类的自身理解的阐释学的基本开端之中了，其实也不是因为，艺术甚至在这几个演讲中——犹如在荷尔德林和格奥尔格的诗歌信念中——被理解为全部历史性世界的建基行为。海德格尔的新思想尝试所标志的真正的轰动事件，乃是在此课题中大胆提出来的令人惊奇的新概念方式。在那里海德格尔谈论的是世界（Welt）与大地（Erde）。世界概念向来都是海德格尔阐释学的主导概念之一。作为此在之筹划的关联整体，世界构成一个先行于所有人类此在之关照的筹划的境域。海德格尔本人勾勒了这个世界概念的历史，尤其是把他自己使用的这个概念所具有的跟《新约全书》相关的人类学意义，与关于现成之物的总体性概念很好地区分开来，并且把它历史性地合法化。但现在，令人惊奇之处在于，这个世界概念在大地概念中获得了一个对立概念。因为当世界概念作为人类的自身阐释得以在其中进行的整体，可以从人类此在的自身理解出发提升至明证的直观（Anschauung）时，大地概念听起来就像一个神性的、诺斯替式的原始声音（Urlaut），后者顶多在诗歌世界中才有其居住权。荷尔德林的诗显然就是这样；海德格尔当时以强旺的激情专注于荷尔德林的诗，把其中的大地概念借用到他自己的哲思之中。但他有何种权利呢？根据自己的存在来理解自己的此在，在世界之中存在，全部先验追问的这个全新的彻底的起点如何可能与诸如大地这样的概念有一种存在学上的联系呢？

现在，海德格尔在《存在与时间》中的新努力当然不是对德国唯心论的唯灵论形而上学的一次简单重复。人类此在根据其存在的自我理解并不是黑格尔的绝对精神的自我认识。它不是一种自我筹划，而毋宁说是在其本己的自身理解中明白了，它不是它自身和它本己的此在的主人，而是现身于存在者中间，并且必须如其现身那样来承担自己。人类此在乃是被抛投的筹划。这是《存在与时间》中最精彩的现象学分析工作之一，海德格尔在其中把这种实存边界经验即现身于存在者中间，当作处身情态（Befindlichkeit）来分析，并且为这种处身情态即情调（Stimmung）指派了在世界之中存在的本真的展开。而这种处身情态的现身特征（das Vorfindliche）显然是人类此在的历史性的自身理解一般地能够深入其中的东西的极端边界。从这种关于处身情态和情调的阐释学边界概念出发，没有一条道路通往诸如大地这样一个概念。这个概念的合法性何在呢？它如何可能获得合法性证明？海德格尔关于艺术作品的本源的文章开启出来的一个重要洞见就是："大地"是艺术作品的一个必然的存在规定。

为了认识艺术作品的本质问题具有何种基本含义以及这个问题如何与哲学基本问题联系在一起，当然就需要对包含在哲学美学概念中的各种先入之见有所洞察。这就需要一种对美学概念本身的克服。众所周知，哲学美学是哲学学科当中最年轻的学科。只是到18世纪，在启蒙理性主义的明确限制中，感性认识的独立权利，因而还有鉴赏判断对于知性及其概念的相对独立性，才被提了出来。就像这个学科名称一样，它的体系上的独立性同样也起源于亚历山大·鲍姆嘉通的美学。进而，康德在他的第三批判即《判断力批判》中把美学问题的体系上的含义固定下来了。康德在审美的鉴赏判断的主观普遍性中发现了审美判断力在面对知性的要求和道德的要求时可能保持的令人信服的合法要求。观赏者的鉴赏与艺术家的天才一样，不能被理解为概念、规范或者规则的应用。美（das Schöne）的特性不能被证明为某个对象身上确定的、可认识的特性，而是得通过主体性的东西来证明自己：在想象力与知性的相应和谐中提升生命情感。这是一种对我们的精神力量整体的提振，是我们的精神力量的自由游戏，是我们面对自然和艺术中的美所能经验到的。鉴赏判断不是认识，但也不是任意的。其中包含着一种普遍性要求，审美领域的自主性是可以以此为基础的。我们不得不承认，这样一种对于艺术自主性的辩护，即对相对于启蒙时代的规则笃信和道德虔信的艺术自主性的辩护，委实意味着一种伟大的成就。尤其是在德国的发展范围内，当时它刚刚达到这样一个点，即德国古典文学时代力求从魏玛出发把自己建构为一个审美国家。这些努力在康德哲学中找到了概念性辩护。

另一方面，在感受力（Gemütskräfte）的主体性中为美学奠基，这也意味着一种危险的主体化的开始。诚然，对康德本人来说，由此被认识的在自然之美与主体的主体性之间神秘的一致性还是决定性的。同样地，比所有规则更优越地完成艺术作品之奇迹的创造性天才，被康德理解为自然的宠儿。但总的说来，这是以自然秩序的毫无疑问的有效性为前提的，而后者的最终基础是神学的创造思想。随着这一视域的消失，这样一种对美学的奠基就必定会在关于天才之无规则性的学说的深化中导致一种彻底的主体化。艺术，不再被回溯到存在秩序的无所不包的整体上的艺术，作为诗歌的美化强力，被用以对抗现实，对抗生活粗糙不堪的散文（Prosa），艺术只有在其审美王国中才能成功地达到理念与现实的和解。这就是唯心论美学，它首先在席勒那里得到了表达，并且在黑格尔辉煌的美学体系中得到了完成。即使在这里，艺术作品理论也还受制于一种普遍的存在学境域。只要在艺术作品中终究实现了有限与无限的平衡和和解，那么，这就是最终要由哲学带来的最高真理的凭据。正如对唯心主义来说，自然不仅是现代计算性科学的对象，也是一种伟大的创造性的世界能力的主宰（这种世界能力在具有自身意识的精神中提升至完美状态），同样地，在这些思辨思想家看来，艺术作品也是一种精神的客观化——不是精神关于自身的完美概念，而是精神的显现，即精神以直观世界的方式显现出来。在这个词的字面意义上，艺术就是世界－直观①。

如果我们想要来规定海德格尔发起关于艺术作品之本质的沉思的出发点，那么，我们现在就必须弄清楚，唯心论美学把艺术作品当作绝对真理的一个非概念理解的工具，指派给艺术作品一种别具一格的重要意义，但这种美学早就已经被新康德主义哲学掩盖了。这种占据主流的哲学思潮复兴了康德对科学认识的奠基工作，而没有重新赢获一种目的论的存在秩序的形而上学视域，就像后者曾是康德关于审美判断力的描写的基础一样。所以，新康德主义关于美学问题的思想是带着某些特有的偏见的。海德格尔在《本源》一文中关于课题的阐明就清楚地反映了这一点。该文始于有关艺术作品与物的划界问题。艺术作品也是一种物，而且只有超出它的物存在（Dingsein）才还意味着某种其他东西，诸如作为象征指示某物，或者作为比喻让人理解某个不同的东西——这些对艺术作品的存在方式的描写都是从存在学模型出发的，而后者是由于科学认识的体系上的优先地位而被给定的。真正存在的东西是物性的东西、事实、被给予感官的东西，自然科学把后者引向一种客观的认识。与之相反，这种东西所获得的意义，

---

① 此处"世界－直观"（Welt-Anschauung）为字面直译，日常德语中有"世界观"（Weltanschauung）一词。——译注

它所具有的价值，则是一些仅仅具有主观有效性的附加的理解形式，既不属于源始的被给予性本身，也不属于要从这种被给予性中获得的客观真理。它们是以作为完全客观之物的物性的东西为前提的，而后者可能成为这种价值的载体。对美学来说，这就意味着，在一个初步的、表面的角度来看，艺术作品本身具有一种物性特征，后者具有一个地基的作用，真正的审美产物作为上层建筑耸立于这个地基上。尼古拉·哈特曼[①]还是这样来描写审美对象的结构的。

海德格尔通过追问物之物性，就与上面讲的存在学的先入之见联系起来了。他区分了三种在传统中发展起来的物的理解方式：物是特性的载体，物是感觉多样性的统一体以及物是具有形式的质料。尤其是第三种理解方式，即根据形式和质料的理解方式，是具有某种直截了当的说服力的。因为它遵循了置造模式，即把一物制作出来，必须为我们的目的效力这样一个置造模式。海德格尔把这种物称为"器具"（Zeug）。从这个模式的样本出发神学地看，物统统都显现为制作过程（Verfertigungen），也即上帝的创造；而从人类的角度来看，物全都显现为失去了自己的器具特性的器具。物是纯然物，这就是说，它们在此存

---

① 尼古拉·哈特曼（Nicolai Hartmann, 1882—1950）：德国哲学家，曾任教于马堡大学、科隆大学等校，著有"存在学"三部曲，以及有关价值哲学、自然哲学、美学等多领域的著作。——译注

在，不考虑它们是否有某种用途。海德格尔现在表明，这样一个关于现成在手存在（Vorhandensein）的概念——正如它是与现代科学的断定和计算程序相应的那样——既不允许人们思考物之物性，也不允许人们思考器具之器具性。因此，为了看到器具的器具性，海德格尔从一种艺术描绘出发，谈到凡·高的一幅描绘农鞋的画。在这件艺术作品中可以看到的是器具本身，也就是说，不是某个可能被用于某种目的的存在者，而是某个东西，后者的存在在于曾经并且还在效力于这双农鞋的主人。在画家这件作品中显露出来的以及它迫切地描绘出来的东西，不是一双偶然的农鞋，而是农鞋所是的器具的真正本质。农民生活的整个世界就在这双鞋中。如是说来，艺术的作品就是在这里把关于存在者的真理带出来。只有从作品出发，而绝不是从作品之物性基础出发，在作品中发生的这样一种真理的显露（Hervorkommen der Wahrheit）才能得到思考。

因此就提出了这样一个问题：什么是一件作品，真理能够如此这般在其中显露的一件作品？与流俗的以艺术作品的物性与对象性为开端的做法相对立，一件艺术作品的特性恰恰是这样被刻画的，即：它不是对象，而是在自身中站立的。通过它的自立①，艺术作品不只归属于它的世

---

① 此处"自立"原文为das In-sich-Stehen，也可按字面直译为"在自身中站立"。——译注

界，而不如说，在艺术作品中世界在此存在。艺术作品开启它自己的世界。只有在某个东西不再归属于它的世界的结构时，对象才是某个东西，因为它所属的世界已经崩溃了。因此，一件艺术作品在交易时就是一个对象。因为在这时候，这件艺术作品是无世界的和无家的。

海德格尔开始的通过自立（das In-sich-Stehen）和世界之开启（das Welt-Eröffnen）来刻画艺术作品的做法，显然有意识地避免了任何一种对古典美学的天才概念的回归。正是在这种力求独立于创造者或观赏者的主体性来理解作品的存在学结构的努力中，海德格尔现在除了世界概念（作品归属于世界并且建立和开启世界）之外，还使用了"大地"（Erde）这个对立概念。大地是世界的对立概念，是因为对立于自行开启，大地标志着"自身庇藏"（In-Sich-Bergen）和"锁闭"（Verschließen）。无论自行开启还是自行锁闭，两者显然都在艺术作品中出现。的确，一件艺术作品并不意指某个东西，并不像一个符号指示一种含义，而是在其本己的存在中描绘自己，从而使得观赏者不得不逗留于其中。艺术作品如此强烈地本身在此存在，以至于作品由以构成的石头、颜料、声音、词语等，反而只有在艺术作品中才能达到真正的此在（Dasein）。只要某个东西是等待加工的纯然质料，它就不是现实地在此存在，也即还没有在一种真正的现时在场中显露出来，而不如说，只有当它被使用时——而这也就是说，只有当它被束缚于作品时——，它本身才能显露。一件音乐杰作由以构成的声音比所有其他噪声和声响更多地是声音，绘画的颜料是比自然中最高的颜色装饰都更纯正的色彩，神庙的圆柱让其存在的石头特性在耸立和承载中更本真地显现，胜于未经雕琢的岩石。不过，如此这般地在作品中显露的东西，恰恰就是它的被锁闭存在和自行锁闭，这就是海德格尔所谓的大地-存在（Erde-Sein）。大地实际上并不是质料，而是一切从中显露出来以及一切向之进入的那个东西。

　　这里显示出形式（Form）和质料（Stoff）这两个反思概念的不适当性。如果我们可以说，在一个伟大的艺术作品中有一个世界"涌现出来"，那么，这个世界的涌现（Aufgang）同时也是它向安定形象的进入（Eingang）；由于这种形象（Gestalt）站在那儿，它仿佛找到了自己大地性的此在。艺术的作品从中赢获了它自己特有的安宁。它并非首先在一个有所体验的自我（Ich）中拥有自己本真的存在，这个自我在言说、意指或者显示，而且它的所说、所指和所示的东西或许就是它的意义。它的存在并不在于它变成体验，而不如说，它本身通过它自己的此在而成为一个事件，一种撞翻了一切过往之物和惯常之物的冲力（Stoß），一种在其中开启一个从未曾此在的世界的冲力。但这种冲力在作品本身中却是这样发生的，即它同时已经被庇藏入持留（Bleiben）中了。如此这般涌现出来和如此这般自行庇藏的东西，以其张力构成作品之形象。正是这种张力，被海德格尔称为世界与大地的争执（Streit）。这不仅给出了一种对艺术作品之存在方式的描写，这种描写还力求避免传统美学和现代主体性思维的偏见。海德格尔借此也不是简单地复兴了那种把艺术作品界定为理念的感性显现的思辨美学。尽管黑格尔这个关于美的定义与海德格尔自己的思想尝试一样，也意在原则上克服主体与客体、自我与对象的对立，而且并不是从主体的主体性角度来描写艺术作品的存在的，但它实际上是朝着主体的主体性来描写艺术作品的。因为艺术作品是在其具有自身意识的思想中被思考的理念，而理念的感性显示据说就构成了艺术作品。所以，在关于理念的思考中，感性显现的全部真理就被扬弃了。它在概念中赢获了它自身的真正形象。与之相反，当海德格尔讨论世界与大地之争执，并且把艺术作品描写为使真理变成事件的冲力时，这种真理并不是在哲学概念的真理中被扬弃和完成的。这是一种对在艺术作品中发生的真理的特有显示。在海德格尔这儿，诉诸真理在其中发生的艺术作品，恰恰证明了一点，即谈论一种真理的发生是有意义的。所以，海德格尔的《本源》一文并没有局限于给出一种关于艺术作品之存在的恰当描写。而毋宁说，其核心的哲学关切在于把存在本身理解为一种真理之发生——这是以本文的分析为依据的。

人们经常指责海德格尔在其晚期著作中的概念构成方式，说它再也不能得到证明了。举例说，当海德格尔谈论动词意义上的存在，谈论存在之发生、存在之澄明、存在之解蔽和存在之遗忘时，我们是不可能把他意指的东西仿佛在我们自己的意指活动的主体性中实现出来的。控制着后期海德格尔哲学工作的概念构成方式是对主观证明锁闭起来的，明显类似于黑格尔的辩证过程，后者是不理睬他所谓的表象性思维的。因此，海德格尔的这种概念构成方式受到了一种类似的批判，就像黑格尔的辩证法被马克思所批判一样。人们把海德格尔的概念构成方式称为"神话的"（mythologisch）。在我看来，这篇关于艺术作品的文章的基本意义在于，它对于后期海德格尔的真正关切来说具有指导意义。没有人可以视而不见，在一件艺术作品中（有一个世界在其中涌现出来），不仅那种以前不为人所知的富有意义的东西变成可经验的了，而且借助于艺术作品，本身就有某种新的东西进入此在之中了。这不光光是一种真理的公开，而毋宁说，这本身就是一个事件（Ereignis）。由此就为我们提供了一条道路，让我们得以深入追踪海德格尔对西方形而上学及其在现代主体性思维中的终结的批判工作。众所周知，海德格尔用"无蔽"（*Unverborgenheit*）来翻译表示真理的希腊词语，即Aletheia［无蔽、真理］。但对Aletheia［无蔽、真理］一词的秘密意义的着重强调不光意指，真理的认识有如通过一种掠夺行为——privatio意味着"褫夺"——使真实（das Wahre）摆脱了它的未被认识状态或者谬误之遮蔽状态。事关宏旨的不只在于，真理得来不易，并非总是已经流行的和可通达的。这诚然是真的，而且，当希腊人把如其所是的存在者称为无蔽者（das Unverborgene）时，他们想说的就是这一点。他们已经意识到，每一种认识如何受到谬误和谎言的威胁，重要的是不要犯错，重要的是赢得关于如其所是的存在者的正确观念。如果说在认识中重要的是抛弃谬误，那么，真理就是存在者的纯粹的无蔽状态。这就是希腊思想所看到的东西，而且希腊思想借此已经上了路，那是现代科学最后要走到底的道路，即要设法获得认识的正确性，从而使得存在者在其无蔽状态中得到保存。

海德格尔对此提出异议：无蔽状态不只是存在者——就其被正确认识而言——的特征。在一种更为源始的意义上，无蔽状态"发生了"，而且这种发生乃是某种根本上使存在者无蔽并且得到正确认识这回事成为可能的东西。与这种源始的无蔽状态相应的遮蔽状态并不是谬误，而倒是源始地归属于存在本身的。自然，喜欢遮蔽自己的自然（赫拉克利特语[①]），因此不只是着眼于它的可认识性

[①] 赫拉克利特的这个著名箴言通常被译为："自然喜欢隐藏自己"或"自然喜欢躲藏起来"（残篇第123）。——译注

而被刻画的，而是根据其存在而被刻画的。自然不仅是进入光明之中的涌现，而且同样也是进入黑暗之中的自行庇藏，既是阳光下鲜花的盛开，同样也是在大地深处的自行扎根。海德格尔谈论存在之澄明，后者首先是这样一个领域，在其中存在者作为被解蔽的（ent-borgen）、作为在其无蔽状态中的存在者而得到认识。存在者进入其此在之"此"（Da）之中的这样一种显露，显然是以一个这样的"此"能够在其中发生的敞开状态的领域为前提的。不过，同样明显的是，若在这个领域里存在者并不显示自己，也就是说，若并没有这种敞开状态所占有的敞开者，那么，这个领域就不存在。毫无疑问，这是一种奇怪的关系。而更令人奇怪的是，在存在者的这种自行显示的"此"（Da）中，恰恰也才有存在的遮蔽状态展现出自己。通过"此"的可敞开状态而成为可能的东西，诚然就是正确的认识。从无蔽状态中显露出来的存在者为了自己的发觉者而展现自己。但这仍然不是一种解-蔽（Ent-bergen）的任意专横行为，不是一种掠夺的实施，后者把某个东西从遮蔽状态中抢夺出来。毋宁说，所有这一切之所以可能，都是因为解蔽（Entbergung）和遮蔽（Verbergung）是存在本身的一种发生。理解这一点，将有助于我们获得艺术作品之本质的理解。显然，那里有一种涌现（Aufgang）与庇藏（Bergung）之间的张力，后者构成作品本身之存在。正是这种张力的紧张性构成一件艺术作品的形象水准,并且产生了一件艺术作品使一切黯然失色的光华。艺术作品的真理不是意义的肤浅展示,相反地是一种意义的神秘和幽深。因此,按其本质来讲,艺术作品就是世界与大地、涌现与庇藏之间的争执。

可是,如此这般地在艺术作品中得到证明的东西,理当构成一般存在的本质。解蔽与遮蔽的争执不仅是作品的真理,也是一切存在者的真理。因为作为无蔽状态,真理始终是这样一种解蔽与遮蔽的相互对立(Gegeneinander)。两者必然是共属一体的。这意思显然是想说,真理并非径直是存在者的绝对在场,以至于存在者可以说是与正确的表象相对的。而毋宁说,这样一个关于无蔽存在(Unverborgensein)的概念已经是以表象着存在者的此在的主体性为前提的。但如果存在者只被规定为可能表象的对象,那么,存在者在其存在方面就没有得到正确的规定。不如说,存在者之存在在同样程度上包含着一点,即它拒不给出自己。作为无蔽状态的真理在自身中是逆反的(gegenwendig)。正如海德格尔所说的,在存在中有某种诸如"在场之敌对性"(Gegnerschaft des Anwesens)之类的东西。海德格尔力求以此来描写的东西,对每个人来说都是可兑现的。存在之物不只作为表面的东西呈现出一个可认识的和熟悉的轮廓,它也有一种自立性的内在深度,海德格尔称之为"自立"(Insichstehen)。一切存在者的完成了的无蔽状态,对一切事物的总体对象化(通过一种被设想得十分完美的表象），会扬弃存在者的自立，并且意味着一种总体的平整化。在这样一种总体的对象化中展现出来的东西，无论在哪里都不再是立身于它本己存在中的存在者了。而毋宁说，在一切存在之物中，展现出自己的东西都是相同的东西：它的有用性机会，但这就是说，在一切之中出现的东西乃是那种夺取存在者的意志。与之相对，每个人在艺术作品中都会领会到，针对这样一种强行夺取的意志，有一种地道的抵抗，这种抵抗的意思并不是僵硬地反抗我们的想要有所利用的意志的苛求，而是对一种安于自身的存在的优越的蛮横强求。因此，艺术作品的完整性和锁闭性是海德格尔的哲学普遍论题的凭据和证明——这个论题就是：存在者通过置身入在场之敞开者之中而克制自身。作品的自立同时保证了一般存在者的自立。

由此，在上述艺术作品分析中，已经开启了那些预先规定海德格尔后来的思想道路的视角。正是通过作品的道路，使器具之器具性能够显示自己，最后包括物之物性也得以唯一地在其中显示出来。普遍计算的现代科学导致了物之沦丧（Verlust der Dinge），物的"无所催逼的自立"化为其筹划和变化的计算因子，这时候，艺术作品反而意味着一个防止普遍的物之沦丧的机制。里尔克置身于物性普遍消逝的时代，向天使指出了这一点，由此来诗意地美化物之无辜①，这时候，思想家海德格尔也在思考同样的物性沦丧，他同时认识到了艺术作品中的物性保藏。但保藏（Bewahrung）是有前提的，前提就是被保藏的东西实际上还存在着。如此看来，如果说在艺术作品中物的真理还能够显露出来，那么，艺术作品就隐含着物本身的真理。所以，海德格尔的《物》一文②就是他的思想道路的一个必然的深远的步骤。从前甚至连器具的上手存在（Zuhandensein）都达不到，而只是针对单纯呆视或者固定的现成在手之物，现在恰恰是作为一无所用的东西及其"未受损害的"存在而得到了承认。

但由此出发，我们还可以认识到这条道路上更深远的一个步骤。海德格尔强调指出，艺术的本质是诗意创造③。他以此想说的是，构成艺术之本质的，并不是对预先形成之物的变形，也不是对先行已经存在者的描摹，而是使某个新东西作为真实之物而显露出来的筹划："打开一个敞开的处所"，这构成包含于艺术作品中的真理发生事件的本质。但现在，在"诗"（Dichtung）一词的通常的较狭隘的意义上，诗的本质恰恰是通过本质性的语言

---

① 参看海德格尔：《诗人何为？》，载《林中路》，中译本，孙周兴译，商务印书馆，2015年，第302页以下。——译注

② 参看海德格尔：《演讲与论文集》，中译本，孙周兴译，商务印书馆，2018年，第177页以下。——译注

③ 此处"诗意创造"（Dichten）也可译为"作诗"，甚至简为"诗"。——译注

性（Sprachlichkeit）而得到刻画和标识的，经由这种语言性，诗得以与所有其他艺术方式区别开来。如果说在每一种艺术中，包括在建筑和绘画中，本真的筹划和真正的艺术性可以被命名为"诗"，那么，在现实的诗歌中发生的筹划方式就是一个另类。诗歌艺术作品的筹划维系于一种先行被开辟的东西，后者是不可能自发地得到重新筹划的：此即先行被开辟的语言轨道。诗人如此强烈地依赖于语言，以至于诗歌艺术作品的语言只有那些掌握同一种语言的人们才能达到。所以，在某种意义上，在海德格尔看来能够象征一切艺术创造的筹划特征的"诗"，比由石头、颜料和声音组成的建筑和绘画等从属形式更少筹划性。实际上，诗意创造在这里仿佛被分成两个阶段：一是在语言起支配作用之际总是已经发生了的筹划，二是让新的诗意创造从第一种筹划中产生出来的筹划。语言的先行性（Vorgängigkeit）似乎不只构成诗歌艺术作品的特别标志，而倒是超出一切作品之外也适用于任何一种物之物存在（Dingsein）本身。语言之作品乃是最源始的存在之诗（Dichtung des Seins）。把一切艺术思为诗，揭示出艺术作品的语言存在（Sprachesein），这种思想本身还在通向语言的途中。

译后记

真理美学何以成立？
——再论海德格尔的《艺术作品的本源》

德国思想家马丁·海德格尔（Martin Heidegger, 1989—1976）的名篇《艺术作品的本源》（以下简称"《本源》"）被认为是20世纪最重要的美学/艺术哲学经典——好像可以没有"之一"。国内外哲学界和文艺界对之已经有过许多探讨，也有大量的争论，中文学界的相关论文应该有几十篇，甚至上百篇了；本人也在不少地方作过几番直接的或间接的议论，最近一次讨论是我的《海德格尔与德国当代艺术》一文①。那么，为何我在这里还要来"再论"一回呢？因为我觉得话还没说透，还有话要说，或许还可以说得更好些。

按海德格尔自己给出的说明，《本源》演讲最早是

---

① 孙周兴：《海德格尔与德国当代艺术》，载《学术界》2017年第8期。

1935年11月13日在德国弗莱堡艺术科学协会上做的；1936年1月在瑞士苏黎世重做一次；而后来收入《林中路》中公开发表的这个《本源》文本则包括三个演讲，分别是1936年11月17日、11月24日和12月4日在美因法兰克福自由德国主教教堂议事会上做的，三个演讲的标题依次是："物与作品""作品与真理""真理与艺术"。从标题上可以看出来，这三个演讲是环环相扣、步步推进的，路径是：物——作品——真理——艺术。海德格尔就是以此路径讲下来的。不待说，这四个关键词之所以关键，因为它们就是一般艺术哲学或艺术理论的基本主题。

我这里只就"物"（Ding）"作品"（Werk）"真理"（Wahrheit）"艺术"（Kunst）这四个关键词，把《本源》文本的基本思想作一串连，但不一定完全贴着文本来讲。除了按照我自己的理解提示《本源》的核心思想，我这里还为自己设定了一项基本任务，即追问海德格尔的"真理美学"（Wahrheitsästhetik）的可能性和意义。海德格尔在《本源》中首次传达出来的美学是以"真理"问题为中心的，因此被称为"真理美学"，那么我们要问："真理美学"到底意味着什么？"真理美学"何以成立？

一 物（Ding）

物是什么？从类型上说，物可分为三种：自然物、手工物（器具）、技术物。世界的物性是不断变化的。在自然农业社会里，"自然物"和"手工物"是主要的物，而且比较而言，"手工物"是更为重要的，是自然人类生活世界的基本物；虽然在古典文明时期，比如说在古希腊文化中，这两种物对应于"自然"（physis）与"技艺"（techne），而且"自然"被认为是高于"技艺"的。"技术物"则特指现代技术条件下的机械产品，是18世纪后期技术工业开始后逐步占领人类生活世界的。回头看，这个进程也就两个多世纪而已。今天在全球范围内，全人类都进入技术世界了，虽然自然物和手工物还存留着，但意义已经大不如从前了。世界物性的切换是近世最大的事变。

海德格尔几次三番地追问：物是什么？因为这事委实太重要了，而且也够复杂的。与《本源》完全同时，海德格尔在弗莱堡大学开过一门课，专题讲授《物的追问——康德的先验原理学说》（1935/1936年冬季学期）。[①] 现在

[①] 海德格尔：《物的追问》，《全集》第41卷，德文版，美因法兰克福，1984年；中译本，赵卫国译，上海译文出版社，2010年。该讲座稿初版于1962年，是海德格尔生前亲自整理出版的少数几部讲稿之一；它与《艺术作品的本源》之间的关系值得关注。

我们看到，这门课可被视为《本源》的哲学史准备，而其根本的关切在于形式科学如何演变为现代技术以及技术工业如何导致物性之变。稍后，海德格尔撰写了《哲学论稿（从本有而来）》（1936—1938年），这是海德格尔后期思想的纲领性文件，上述意义上的物性追问和技术之思被置于"存在历史"（Seinsgeschichte）的总框架之中。①

在《本源》中，海德格尔首先清理了欧洲历史上的"物"概念，实体-属性、质料-形式、感觉复合，等等，但说来说去，最基本的，也最日常的"物"概念是"质料-形式"这一对概念，今天我们也习惯于说"内容-形式"。这对概念起源于亚里士多德哲学，如今可以说战无不胜，我们随时随地都可以拿来使用。物就是"有形式的质料"，物有"内容"又有"形式"，是两者的合一。这尤其适合于用来讨论手工物/器具；而作品也是手工物，也有器具性，所以用这对概念来讨论，似乎也是恰当的。其实，我们今天关于艺术和艺术作品的讨论不也还在这个框架里吗？在日常谈论中，我们总说这件作品的"内容"是什么，"形式"如何，以及两者是不是达成统一了，等等，我们总是习惯性地纠缠于此。19世纪以来欧洲正经的艺术史研究的基本路径，主要有图像学的与形式主义的

---

① 参看海德格尔：《哲学论稿（从本有而来）》，中译本，孙周兴译，商务印书馆，2014年。

两派，两者恰好分别把"质料/内容"与"形式"这两个传统主题做足了。这也表明海德格尔的分析是有道理的。"形式-内容"两分的艺术谈论方式是最普遍的，因为它也是最省力的。

必须看到，这是哲学和科学的认知方式，虽然它已经成为现代人——"理论人"和"技术人"——的普遍的观物方式和言谈方式。但我们切莫想当然地认为这就是正确的，更不能简单地认定它是唯一正确的。海德格尔在《本源》中雄辩地证明了一点：迄今为止欧洲关于物之存在的各种形而上学规定都是有问题的，未能切中物本身。问题到底出在哪里呢？一句话，问题都在于对物的人为干扰。但不干扰行吗？可能吗？人生在世，不就是与物交道，不就是营营于物吗？海德格尔自己在前期代表作《存在与时间》中不也告诉我们，人生在世，总是"关照"（Sorge）[①]，而首要的"关照"就是对物的关照，是为"照料"（Besorgen，也被中译为"烦恼""操劳"），另一种"关照"是对人的关照，是为"照顾"（Fürsorgen，也被中译为"烦神""操持"）。这当然没错。然而，忙东忙西的我们是不是也该停一停，想一想：是不是可以不去干扰物，任物为物呢？比如说起源于亚里士多德的"质料-形

[①] 此处"关照"（Sorge）是海德格尔在《存在与时间》时期用来描述人生在世基本机制时使用的概念，又译为"烦"和"操心"。——译注

式"之说,即把物看作"有形式的质料",显然就是从作为人工制品的"器具"的角度来考察一般物的后果,根本上是"由己及物"的推导或者转嫁的后果。到了近代,当"自我"(ego)成为强横的"主体"(Subjekt)之后,这种"由己及物"的干扰暴力就越发扩张了,也变得愈加正当了。海德格尔提醒我们注意到这样一个哲学史的事实,而在更后期的思想中,他提出一个似乎越来越不可能的任务:对于物的"泰然任之"(Gelassenheit)。① 所谓"泰然任之"就是let it be,不紧张,非暴力,不要扰乱于物,而要任物存在。这听起来是轻松的,但其实却是高难度的。

在《本源》中,海德格尔有一个重要判断:"我们绝不能径直知道物因素,即使能知道,那也只是不确定地,也需要作品的帮助。"② 这句话可以说是《本源》的"思眼",其中实际上含有两个根本性的想法:一是物不可知,二是只有通过作品才能了解物之一二。物不可知本来是康德的想法,海德格尔似乎也接了过来。康德自称"不可知论者",他的基本想法是,知识有限,我们所知的只是"为我之物"(Ding für mich),即物对我而言是什么;至于"物本身"或者"自在之物"(Ding an sich),那是我

---

① 主要可参看海德格尔:《讲话与生平证词》,中译本,孙周兴等译,商务印书馆,2018年,第619页。

② 海德格尔:《林中路》,中译本,孙周兴译,商务印书馆,2015年,第62页。

们达不到的,是我们不知道的。海德格尔也同意"物本身"是不可"知"的,但他不愿意停留在"知识"区域里,他甚至想说,恰恰是咄咄逼人的"知识"把物的问题搞砸了,使今天的生活世界进入物之沦丧的状况中了。物不可"知",但所幸除了"知识",我们还有艺术,我们通过艺术造物,艺术是我们接近物的另一个通道,一个更本源性的通道——这样,海德格尔就把物的问题引向了艺术,使之成为一个"作品"问题了。

二 作品(Werk)

什么是"作品"?"作品"当然也属于"物",像"物"一样出现在我们的周遭。但光说作品是物,显然又是不够的。作品是人造的,弄不好就沦为一般的人造物,即器具。而对当代艺术来说,什么物都可能成为作品——艺术作品,所以无所谓"作品"。一切都是物,也可以说一切都是"作品"。不过这样一来,我们也还不甘心,觉得也太不重视艺术了,也太没品了。人们对"当代艺术"的担心和批判,主要也在于此:你都把"作品"搞没了,则何来艺术?

我们知道康德区分了自然美与艺术美,实际上就是区分了自然物与人造物(作品)。康德这样写道:"在一个美的艺术作品上我们必须意识到，它是艺术而不是自然；但在它的形式中的合目的性却必须看起来像是摆脱了有意规则的一切强制，以至于它好像只是自然的一个产物。……自然是美的，如果它看上去同时像是艺术；而艺术只有当我们意识到它是艺术而在我们看来它却又像是自然时，才能被称为美的。"① 康德这个区分不算坏，但无论自然的美还是艺术的美，康德给出的评判标准只有一个：美感即愉悦感，凡让人喜欢、让人愉悦的就是美的。这是近代主体性美学的基本套路，作品之为作品是由人（主体）来规定的，虽然是自然通过天才（人的创造性能力）来给艺术制订规则。

　　海德格尔当然会不满于此。一个东西美不美，是不是作品，竟然取决于我是不是高兴和愉悦？这也太随心所欲，太强盗了吧？情急之中，康德只好祭出"共通感"（common sence）一招来应付，意思就是：我说这女人是美的，必然已经假定大家都会这么说。这种讨论模式被冠以"先验美学"，在海德格尔看来它首先是主体主义的，然后还是形式主义的，属于"质料-形式"概念框架的一部分。

　　那么到底什么是"作品"？海德格尔这方面的想法，

---

① 康德：《判断力批判》，中译本，邓晓芒译，杨祖陶校，人民出版社，2002年，第150页。

大抵可以概括为几点：首先，作品是物，但却不只是物，或者更应该说，是一种特殊的物。如果说作品也干脆就只是纯然的物，那就等于取消了人类文化和文化活动。所以作品必有其"作品性"或"作品存在"。其次，作品是创造活动的结果，但创造/创作不是主体性－对象性活动。这话初听起来就有点让人费解了。如果说创造/创作不是人的主体性行为，自负的艺术家们首先就不会同意，难道我们艺术家都没行动，都无所作为么？但如果我换个说法，说作品的创造/创作不是科学和理论的活动，赞同者就会多些了。问题就在于，人们（尤其是欧洲现代人）一直都试图从科学和理论的角度来理解创造/创作，来理解艺术活动。于是才有"美学"或"感性学"（aesthetics）这门"学问"，这种"理论"。海德格尔显然试图破一破这个理论传统，提供一个"后美学"或"非美学"的艺术理解，包括关于作品和创造活动的理解，这也就给我们的理解带来了困难。再者，作品的创造/创作不一定是主体性的，甚至"天才"的行为，但作品之所以为作品，还是因为它意义非凡，有着"开天辟地"的意义。不然的话，我们的文化世界是从哪里来的？我们的生活世界是如何构造起来的？

关于最后一点，也即作品的作品存在，海德格尔讲了两个要素，即"天"（Himmel）与"地"（Erde）。以他的说法，艺术作品一方面是"建立一个世界"，另一方面则是"置造大地";此处"建立"的德语原文是aufstellen,"置造"的原文是herstellen,都不算好的翻译,若按字面来译,应分别是"置立"和"置造",也就是"置立一个世界"和"置造大地"。另外,依照后来海德格尔的用法,这里的"世界"(Welt)被替换为"天/天空"了。于是话可以这么说:艺术作品创造了一个"世界",这个"世界"包含"天/天空"与"地/大地"两面——这就是我所谓的"开天辟地"了。海德格尔的这样一套说辞一直被认为过于空洞玄虚,但其实未必这样。海德格尔的意思无非是说,作品是一个意义载体,但我们还不能说它是一个"实体",而是说,作品所蕴含的意义是显-隐、阴-阳二重性的交织纠缠冲突运动。这种运动和发生,被称为"真理"。这就涉及下一个主题了。

三 真理(Wahrheit)

在海德格尔之前,没有人会说艺术是真理,或者艺术与真理有关。"美学"(aesthetics)这门学问在近代的出现,有个动机就是要把艺术与科学、美与真、感性与理性明晰地分割开来,甚至通过知识体系和学科制度固定起来。但海德格尔一反常态,把真理首先当成艺术的主题和领域,发展出一种异乎寻常的"真理美学"

（Wahrheitsästhetik）。"真理美学"一说当然不是海德格尔自己命名的，他自己尤其不喜欢"美学"这个名称；后世的研究者却喜欢把他的美学与阿多诺的美学放在一起，称为"真理美学"。哲学阐释学家伽达默尔继承海德格尔的艺术之思，也推进了后者的"真理美学"。

人们自然会想到，这里的关键是更新"真理"概念。艺术不"真"，这在西方是从柏拉图开始的传统，因为艺术在"普遍性"的知识领域之外，所以是远离于"真理"的。这种"真理"是知识（科学）之"真"，其要义在于"知"与"物"的"符合一致"。这事不难理解。我作一个关于某事或某物的陈述，若与某事或某物相符合，我的陈述为"真"；若与某事或某物不相符合，则我的陈述为假。这个意义上的"真理"于是就成了"正确性"（Richtigkeit）。我们通常总是这样在寻求"真相"。

海德格尔并不反对这种知识之"真理"，一种"眼见为实"的"真"，但他认为这种"真理"概念太狭隘了，更不是唯一的和支配性的，更缺乏本源性——原本不是这样的。原本的"真理"是什么呢？海德格尔用希腊文的"真理"（Aletheia）来表示，并且别出心裁地用德语Unverborgenheit一词来翻译，我们现在译之为"无蔽"；但要注意，这是名词化的译法，原初意义上的"真理"还是动词性的，是一种"解蔽""揭示"——这正是希腊的Aetheia的字面意义。其实在汉语语感上用"揭示"更好，更能说清楚问题。所谓"真理"原是一种"揭示"。我说"你是一个读者""这是一棵树""这是一块石头",就已经是一种"揭示"了。我这样说当然是可以验证的,但验证却是后来的事;现在要紧的是讨论:这种"揭示"或"解蔽"是如何可能发生的?平常我们脱口而出这是什么那是什么,真的就如此轻松、如此简单吗?海德格尔会说,你说简单的"是"就已经是一种"显-隐"二重性的活动和过程,没有"不是"就不可能有"是",或者应该说,当你说"是"时就已经在说"不",没有后者,前者也是不可能的。一句话,正是无边无际的"不"——"否""隐""无"——才可能让"是"显出,才可能让"是"成立。此即原初的或原本的"真理"。

特别需要指出的是,上面我借助于海德格尔发挥出来的这番话不是故弄玄虚,而是存在与语言的实情。所谓"存在"是"语言"的,正如"语言"是"存在"的——正是在这个意义上,海德格尔才可以说"语言是存在之家"①,而伽达默尔才可以说"能够被理解的存在就是语言"②。我们必须这样来理解"语言-存在"事件。也只有

---

① 海德格尔:《路标》,中译本,孙周兴译,商务印书馆,2014年,第395页。在同一篇文章中,海德格尔也说:"语言乃是存在本身的澄明着-遮蔽着的到来"(同上,第386页)。
② 伽达默尔:《真理与方法》,《文集》第一卷,德文版,图宾根,1990年,第478页;中译本,《真理与方法》下卷,洪汉鼎译,上海译文出版社,2002年,第606页。

这样想下来，这个生活世界以及我们在其中的活动才是有趣的、丰富的和有意思的。

回到艺术上来。有了上面这种"真理"的重解，艺术当然就可以接通真理了，或者干脆说，艺术就是"真理"，是一种"揭示/解蔽"意义上的"真理"。这事可分两面来说：其一，艺术创作是一种更原本、更丰富、更有力的揭示活动。如上所述，连最通常的直陈式的事实陈述都是"揭示"，更何况艺术乎？其实"揭示"是普遍的，一个命名是"揭示"，一个手势也是"揭示"，甚至最简单的观看（感知）行为也是"揭示"——我看你，你看花，我把你看作什么，你把花看作什么，难道不是一种"揭示"么？当然，这里说的命名、手势、观看等活动，虽然简单平常，但本身也可能成为艺术活动——为什么不呢？我们的一言一行都可能是艺术的行动。就此而言，就艺术是创造性的"揭示"而言，当代艺术的普遍性要求是有效的和合理的。就像博伊斯所说的，每个人都会画画，每个行为和动作都可能是素描，由此当然也可以说"人人都是艺术家"了。

其二，更重要的是，艺术这种"揭示/解蔽"活动具有"源始性"。为什么？因为艺术还为人类其他活动提供了一个可能性前提和基础。无可否认的一点是，人类各民族在起源上都有一个"神话-艺术时代"，即便在古希腊，在哲学和科学兴起之前也有一个"文艺时代"。试想：如果没有最初的艺术创造为各民族开启一个原初的生活世界和文化世界，如何可能有后世的包括科学、理论活动在内的其他人类活动呢？虽然有人会说艺术高峰（黄金）时代已经远去，但即使在今天，在技术工业占据了文明统治地位的今天，艺术依然是生活世界营造的基本力量。——这就是海德格尔在《本源》中最后引用的荷尔德林的诗句："依于本源而居者/终难离弃原位"。[1]

四　艺术（Kunst）

于是我们就可以最后来谈"艺术"主题了——其实我们在前面已经谈了不少，这里只需要做一番总结。艺术是什么？自古以来艺术家和非艺术家都在不断追问，但效果不妙，迄今未有特别值得称道的艺术"定义"。据说史上比较可观有效的艺术"定义"有上千种，那就等于没有"定义"了。艺术不可定义，原因也很简单：因为艺术是变动不居的创造性行为，一旦被固定下来，等于死路一条。但不可定义又从来不是"不思"的理由，相反，它可能倒是更能激励广大而幽深的思想。

---

[1] 海德格尔：《林中路》，中译本，孙周兴译，商务印书馆，2015年，第73页。

有关海德格尔在《本源》中传达出来的艺术之思,我在这里愿意把它说成"艺术四性":真理性、奇异性、神秘性、本源性。这几项我在别处也多少有过论述,但在此情景下还需要再做一次概括性的描述。①

第一是艺术的真理性,前节文字已经有了讨论,在那里我主要在"揭示"意义上论及海德格尔的"真理美学"。海德格尔在《本源》中给出的"定义"是:"艺术是真理之自行设置入作品。"②这里要注意的是"自行设置",艺术不是——或者不全是——人(艺术家)的主观行动,好像人(艺术家)想怎样创造就可以怎样创造似的。这样就误解了创造/创作的奥妙了。艺术创作以及创作者是"被规定的",我们现代人太自以为是了,竟忘掉了这种"被规定性"。创作根本上是一种在特定处境下突发的瞬间时机性行动。突然成了或者突然有了,才是创造。但有没有一种根本的规定力量呢?海德格尔说有,它来自"存在本身",是一种源始而神秘的澄明-遮蔽运动,是"存在本身的真理",而与之相比,"世界"的显-隐二重性运动,只不过是派生的"存在者之存在的真理"(即海德格尔所谓"天-地"二重性运动),或者更应该说,艺术作为

---

① 主要可参看孙周兴:《海德格尔与德国当代艺术》,载《学术界》2017年第8期。
② 海德格尔:《林中路》,中译本,孙周兴译,商务印书馆,2016年,第71页。

"真理的发生",无非是前一种真理("存在本身的真理")向后一种真理("存在者之存在的真理")的实现。这样说来还有点玄奥,简而言之,我们可以说,生活世界里的揭示活动是一回事,而使这种揭示活动成为可能的东西如何运动是另一回事。艺术在此之间。

第二是艺术的奇异性,主要是指艺术创造是一种力求"不一样"或"另类"的活动。平常我们说艺术要"创新",但光说"创新"似乎还不够,更应该说创造"奇异性"。科学或理论也要创新,在此意义上也是广义的"揭示"或"解蔽",但科学是在"同一性"的规范和逻辑里去"发现"新事实和新规律;而艺术却是为了抵抗"同一性"而"创造""异质性"。这是两者的根本不同。海德格尔在《本源》中也用"冲力"(Stoß)一说来描述艺术的奇异性。艺术创造是一种冲破同一庸常、力求奇异另类的个体开创性活动。奇异和另类也是对个体的确认和表彰。面对同一性制度和普遍性规则,艺术永远站在个体这边。

第三是艺术的神秘性,是跟前面讲的"奇异性"相关的。"奇异"即"神秘",这是海德格尔后期经常要思和言的一点。虽然他在《本源》一文中好像并未论及,但在该文"第一稿"——《论艺术作品的本源》——中,他有两处用了"神秘"(Geheimnis):一处说"真理包含着遮蔽者和自行遮蔽(神秘),同样包含着掩盖、伪装和扭曲";

另一处说"本源之跳跃依然是神秘"。[①]显然他也有顾虑，在定稿时（在《本源》中）悄然把"神秘"（Geheimnis）一词隐去了。这是后哲学-后神学时代思想的艰难所在：我们今天不愿意谈"神秘"。在这方面，我个人愿意做的基本切割是：我不信神，但我相信神秘。虽然今天的生活世界已经被技术所统治，但依然有各种莫明的幽暗未知，各种未明和未解的东西，哪有一片"明朗"的世界？[②]如果真有一个完全理性规则的世界，这世界里的人也该是生无可恋了吧？"神秘"本来就是世界的根底，也是生命的本体，生活的意义和趣味所在。理查德·瓦格纳正是在此意义上重新倡扬神话，认为没了神话，文化就是苍白的，生活就会是无趣的。海德格尔的艺术之思显然也在这条路线上。而在海德格尔之后，我们看到"神秘"和"神秘主义"成了德国当代艺术的主题。约瑟夫·博伊斯有言："神秘主义必须转变，并且在整体上融入到自由人的当代自我意识中，进入到今天所有的讨论、所作所为和创造中去……"[③]在现代处境中，德国的神秘主义宗教和哲学传

[①] 海德格尔：《论艺术作品的本源》，载《艺术作品的本源》，德文版，美因法兰克福，2012年，第91页和第99页。
[②] 尼采当年在《悲剧的诞生》中反对古希腊艺术的"明朗"（Heiterkeit）说，意图也在于此。可参看尼采：《悲剧的诞生》，中译本，孙周兴译，商务印书馆，2017年，第4页。
[③] 福尔克尔·哈兰：《什么是艺术？博伊斯和学生的对话》，德文版，斯图加特，2011年，第87页；中译本，韩子仲译，商务印书馆，2017年，第146页。

统竟化入了艺术之中，委实令人深思。

第四是艺术的本源性，这一项可以说是前面三项——真理性、奇异性和神秘性——合成的必然结论。海德格尔《本源》一文的目标就是要得出这一项：艺术的本源性。海德格尔用"赠予"（Schenken）、"建基"（Gründen）和"开端"（Anfangen）三个动词来描述艺术这种本源性的"创建"（Stiftung）。我们完全可以从字面上理解海德格尔这里想表达的基本意思。最后，海德格尔便得出了他的艺术本源性的结论："艺术作品的本源，同时也就是创作者和保存者的本源，也就是一个民族的历史性此在的本源，乃是艺术。之所以如此，是因为艺术在其本质中就是一个本源：是真理进入存在的突出方式，亦即真理历史性地生成的突出方式。"[1]

至此，一种别具一格的"真理美学"已经在海德格尔这儿成型。上面讲的真理性、奇异性、神秘性和本源性这四项艺术规定性，在我看来正是海德格尔的"真理美学"的基本构成要素。这种"真理美学"首先要与传统感性论美学划清界限，反对把艺术创作和艺术作品的问题置于知识论框架内加以处理，就此而言它是"反美学的"或"非美学的"；它进而认为创作是一种本源性的文化创造行为，也即真理发生的过程，根本上创作乃是使原初真理得以实

---

[1] 海德格尔：《林中路》，中译本，第72页。

现和展开为生活-文化世界的通道。因此在我看来，它与其说是一种美学，恐怕还不如说是一种"文化哲学"——当然，"文化哲学"一说也还是一个相当勉强的名称，海德格尔自己会说是"存在之思"。

在《本源》的"附录"（1956年）中，海德格尔已经暗示我们，他在《本源》中的所思指向一个"有待思想的东西的缄默无声的源泉领域"。①此所谓"源泉领域"不是别的，就是海德格尔的"存在历史"意义上的"本有之思想"（Ereignis-Denken）。要知道海德格尔做《本源》演讲之时，同时正在撰写自己的"隐秘大书"《哲学论稿（从本有而来）》（1936—1938年）。现在我们看到，那是一种后哲学的思想，而《本源》中的艺术-真理之思归属于这个"缄默无声的源泉领域"。

五　关于译事

最后要来说说本书译事。本书共包括三篇文章：一、《艺术作品的本源》（1935/1936年）；二、《论艺术作品的本源》（第一稿，1935年）；三、雷克拉姆版导论（伽

----

① 海德格尔：《林中路》，中译本，第82页。可参看海德格尔：《艺术作品的本源》，编者前言，弗里德里希-威廉姆·冯·海尔曼编，美因法兰克福，2012年，第VIII页。

达默尔，1960年）。

  作为本书主体部分，《艺术作品的本源》一文收入海德格尔文集《林中路》中，初版于1950年；《林中路》后又作为《海德格尔全集》第5卷，于1977年出版。中文版由我译出，1994年由中国台湾时报出版有限公司出繁体版，1997年由上海译文出版社出简体字版，并获多次重版（包括修订译本），2015年由商务印书馆出全集版，是我主编的30卷本中文版《海德格尔文集》的第五种。

  第二篇文章《论艺术作品的本源》是《艺术作品的本源》的初稿，这回是第一次译成中文。虽然是"第一稿"，但译者发现它与定稿本《艺术作品的本源》是不可等同的，基本思路一致，也有一些重合，但包含着许多的新鲜的说法和意思，在一定程度上可与定稿本构成补充。

  第三篇文章《雷克拉姆版导论》系海德格尔的弟子、著名哲学家汉斯－格奥尔格·伽达默尔于1960年为雷克拉姆出版社出版的《艺术作品的本源》单行本所撰，后来收入他自己的《文集》时新立了一个标题"艺术作品的真理"（Die Wahrheit des Kunstwerks）（载《伽达默尔文集》第三卷，图宾根，1987年，第249—261页）。这篇"导论"发表后受到了海德格尔的表扬，因为它对《艺术作品的本源》做了一种学术史的定位。

  《艺术作品的本源》是我早年做的译文，时间应该在1991年光景，当时我正在为自己的博士学位论文做准备。

那时候还没有可供中文写作的电脑,我把包括《林中路》在内的几本译著写在几个纸质笔记本上。想来真是惊人。1992年博士毕业后的头几年,我对记在笔记本上的译文进行了修订,先是《在通向语言的途中》,然后是《林中路》,再后来是《路标》——这三本重要著作被我称为海德格尔的"三路",是我做的最早几本译著。一晃已经快30年过去了,没想到我还有机会来重新处理《艺术作品的本源》译文。这次通过补译《论艺术作品的本源》一文以及伽达默尔撰写的《导论》,我对这个文本又有了一次更深的理解。

    2020年1月18日至27日,我和家人在日本旅行,随身带了这本红皮的《艺术作品的本源》德文版,本想在假期里把这个译文做完,毕竟剩下的翻译任务不到50页,应该可以很快完成的。但我到日本后没几天,国内爆发了新型冠状病毒疫情,1月23日武汉封城,网络上人心惶惶,在日本也未见得安全,于是仓皇中回到了上海。之后近两个月,我一直蜗居在家,不断被疫情信息折磨,心情是不好的。这次疫情干扰了我的工作计划,译事最后拖至3月中旬才得以完成。

    译事无底,有错则改,敬请读者批评指正。

2020年1月22日初记于京都

2020年3月21日再记于沪上

图书在版编目（CIP）数据

艺术作品的本源/（德）海德格尔著；孙周兴译. —北京：商务印书馆，2022（2025.4 重印）
ISBN 978-7-100-20666-2

Ⅰ.①艺… Ⅱ.①海… ②孙… Ⅲ.①海德格尔（Heidegger, Martin 1889-1976）—艺术哲学 Ⅳ.①B516.54 ②J0-02

中国版本图书馆 CIP 数据核字（2022）第 017172 号

权利保留，侵权必究。

艺术作品的本源

〔德〕海德格尔 著
〔德〕伽达默尔 导论
〔德〕弗里德里希-威廉姆·冯·海尔曼 编
孙周兴 译

商务印书馆出版
（北京王府井大街36号 邮政编码100710）
商务印书馆发行
北京市十月印刷有限公司印刷
ISBN 978-7-100-20666-2

2022年5月第1版　　　　　开本 850×1168　1/32
2025年4月北京第4次印刷　印张 6¹⁄₈
定价：38.00元